MICHAŁ TOM

JAK ŻYĆ DŁUGO I ZDROWO

FIRMA KSIĘGARSKA
SERWIS Sp. z o.o.
Łódź 2015

Autor wyraża serdeczne podziękowanie za udział
w powstaniu niniejszej książki swojej żonie Bogumile Tombak

Projekt okładki: Cezary Twardowski

Książki prosimy zamawiać:
Firma Księgarska Serwis Sp. z o.o.
90-562 Łódź, ul. Łąkowa 3/5
tel. 42 639 51 63

Księgarnia Wysyłkowa
Internet: www.podrecznikowo.pl
e-mail: sklep@podrecznikowo.pl

ISBN 978-83-911379-5-6

Skład, łamanie, druk i oprawa:
Oficyna Wydawniczo-Reklamowa Sagalara
93-232 Łódź, ul. Lodowa 106A
www.sagalara.com.pl

Od Wydawcy

O sposobach na długie i zdrowe życie napisano ostatnio bardzo wiele. Mnożone są diety cud, zachwalane niezwykłe preparaty, natrętnie reklamowane sposoby odchudzania i odmładzania. Wszystkich się w ten sposób łudzi, że zdrowie może być efektem działania jakiegoś cudownego środka. Tymczasem na nasze zdrowie, tak jak na trapiące nas choroby, pracujemy latami. Pełnia zdrowia to nie cudowne środki uzdrawiające, odmładzające lub odchudzające, ale życie w rytmie natury.

Ta właśnie filozofia jest motywem przewodnim niniejszej książki. Zawiera niezwykłe, nigdzie jeszcze nie publikowane recepty, które nie tylko pozwalają utrzymać pełnię zdrowia, ale dają też szansę na pozbycie się wielu trapiących nas dolegliwości.

Autor książki – Michał Tombak – stworzył całościowy system dbania o własne zdrowie. Nie ma tutaj diety cud, są tylko cudownie proste przepisy na jego pielęgnowanie i ratowanie. Nie znajdą też tutaj Państwo rygorystycznych przepisów liczenia kalorii, są natomiast proste i oczywiste, zgodne z naturą zasady odżywiania.

Autor wyraźnie zaznacza, że zdrowie to nie tylko jedzenie, jak chce wielu twórców cudownych diet. Zdrowie to przede wszystkim ścisły związek tego, co jemy, z tym, jak oddychamy, jak dbamy o nasze ciało i psychikę. Ten, kto nie rozumie tego prawa, nie jest naprawdę w stanie nikogo uleczyć.

Niezwykłe, często szokujące, choć jednocześnie niebywale skuteczne są przepisy Michała Tombaka na oczyszczanie organizmu. Nie znajdą ich Państwo nigdzie indziej. Oparte są na tysiącletnich tradycjach naturalnej medycyny Wschodu i Zachodu. Są elementem pomijanym przez nowoczesną medycynę.

Najciekawszy wniosek z tej książki zawiera się w znanej myśli: zdrowie jest w naszych rękach. Co więcej, książka autora umożliwia samodzielne, nieinwazyjne leczenie w domu, z wykorzystaniem naturalnych, łatwo dostępnych składników, bez tak charakterystycznego dzisiaj arsenału chemicznego.

Serdecznie zapraszamy do lektury.

SZANOWNI PAŃSTWO,

Z uwagi na przypadki pojawienia się książek pochodzących z nielegalnego źródła (falsyfikaty), od kwietnia 2002 roku kolejne wydania książek zawierają trójwymiarowy hologram.

Tło hologramu stanowi otwarta książka leżąca na stosie innych.

Hologram posiada napisy:

- czarny „Michał Tombak" w części centralnej
- „Egzemplarz oryginalny" w górnej części

W przypadku kupna przez Państwa książki z innym hologramem lub bez niego prosimy o kontakt telefoniczny 42-639-50-20.

W związku z różnymi nieprawdziwymi wiadomościami o autorze, które pojawiły się w sieci internetowej, wiarygodne informacje można uzyskać na stronie

www.facebook.com/tombakfanclub

Serdecznie przepraszamy za umieszczenie informacji niezwiązanej z treścią książki.

Za każdy przejaw życzliwości w stosunku do autora i dystrybutora składamy podziękowanie.

Autor i dystrybutor

Do Czytelników!

Szanowny Czytelniku, autor niniejszej książki uważa, że materiał w niej przedstawiony, a dotyczy on właściwie wszystkich stron funkcjonowania organizmu człowieka, nie jest bez zarzutu. Być może specjaliści znajdą w tej książce niedociągnięcia, nieścisłości, to zrozumiałe – została przecież napisana z myślą o szerokim odbiorcy.

Chciałem tylko zwrócić Państwa uwagę na to, jak mało wiemy o swoim organizmie i jego ścisłej więzi z otaczającą nas przyrodą. Bardzo często od wyboru tej lub innej metody leczenia zależy los człowieka. W tych przypadkach, gdy nie pomagają metody medycyny oficjalnej, należy pamiętać, że istnieją metody terapii naturalnej, które mogą się okazać bardzo skuteczne.

Jestem głęboko przekonany, że w wielu sytuacjach życiowych człowiek sam dla siebie powinien być lekarzem i doradcą. Powinien tak poznać funkcjonowanie swojego organizmu, żeby móc zlikwidować przyczyny swoich chorób i cierpień.

Jeśli w wyniku zastosowania proponowanych przeze mnie wskazówek jedni z Państwa poczują się lepiej, drudzy wyzdrowieją, a inni po prostu zrozumieją, że o zdrowie należy dbać – to będzie znaczyło, że cel, wyznaczony w tej książce został osiągnięty.

W swojej praktyce wypróbowałem wiele kierunków i recept, wybrałem z nich to, co naprawdę jest cenne i skuteczne. To dzieło leży przed Wami. Rozumnie z niego korzystajcie.

Życzę Państwu dobrego zdrowia!
Michał Tombak

Łódź, 1996 r.

CZY MOŻNA ŻYĆ 150 LAT?

Według ostatnich badań naukowych udowodniono, że organizm człowieka jest jednym wielkim energetycznym systemem, którego wszystkie komórki i organy są ze sobą ściśle powiązane.

Każdy z nas posiada trzy rodzaje energii.

1. Energię fizyczną pobieramy z pokarmu.
2. Energię astralną dziedziczymy od rodziców.
3. Energię mentalną otrzymujemy z kosmosu.

Te trzy rodzaje energii tworzą wokół naszego ciała biologiczną obwódkę, „aurę", która określa fizyczny i psychiczny stan człowieka.

Z punktu widzenia zgromadzonej w człowieku energii powinniśmy żyć około 150 lat. Ponieważ w naszym życiu wyróżniamy 22 etapy, które zmieniają się co siedem lat. *W ciągu siedmiu lat komórki naszego organizmu są w stanie całkowicie się zregenerować, należy tylko stworzyć do tego odpowiednie warunki.* Naukowo stwierdzono, że 15% zdrowia człowiek dziedziczy od rodziców, 15% mogą zwrócić lekarze, *natomiast 70% jest uzależnione od jego trybu życia.*

W swoim życiu przeczytałem dużo książek o chorobach i zdrowiu, mogę więc uznać, że jest pięć głównych przyczyn, które niszczą zdrowie człowieka:

I. Zaniedbany kręgosłup
II. Nieprawidłowe oddychanie
III. Brak wewnętrznej higieny ciała
IV. Nieprawidłowe odżywianie
V. Brak umiejętności szczęśliwego życia

I. ZANIEDBANIE KRĘGOSŁUPA

Kiedyś człowiek opierał się na czterech kończynach i jego kręgosłup, tak jak u zwierząt, był ułożony w poziomie, a wszystkie części jego ciała były zrównoważone, tak że położenie kręgosłupa było idealne i wytrzymywało wiele obciążeń.

Kiedy jednak człowiek zaczął chodzić na dwóch nogach, kręgosłup stał się tą częścią ciała, którą łatwo było uszkodzić.

Gwałtowny ruch, dźwiganie niedużych ciężarów, mało ruchliwy tryb życia, nieprawidłowe ułożenie ciała podczas pracy lub nauki itp. są w stanie spowodować minimalne zwichnięcie kręgów. *Zwichnięty kręg uciska nerwy i naczynia krwionośne, które są powiązane z mięśniami i konkretnymi organami ciała. Jeśli nerw jest uszkodzony, to i organ, którym on kieruje, źle funkcjonuje.*

Przy przemieszczeniu kręgów szyjnych *mogą się pojawić następujące dolegliwości: bóle głowy, rozdrażnienie, nerwowość, bezsenność, katar, wysokie ciśnienie, ciągłe przemęczenie, alergia, głuchota, choroby oczu, wypryski, pryszcze, różnorodne egzemy, choroby gardła, przeziębienia, choroby tarczycy.*

Przy przemieszczeniu kręgów piersiowych: *astma, kaszel, ciężki oddech, sapanie, bóle rąk (od łokcia w dół), pleców, choroby związane z nieprawidłowym funkcjonowaniem serca, bronchit (zapalenie oskrzeli), zapalenie płuc, choroby pęcherzyka żółciowego, choroby wątroby, niskie ciśnienie, zaburzenia w krwiobiegu, zapalenie stawów, choroby żołądka, zgaga, owrzodzenie żołądka i dwunastnicy, nieżyt żołądka, choroby nerek, stany ciągłego zmęczenia, choroby skóry (wągry, wypryski, pryszcze, egzema, czyraki), reumatyzm, bóle brzucha, niektóre rodzaje bezpłodności.*

Przy przemieszczeniu kręgów lędźwiowych: *zaparcia, biegunki, skurcze w nogach, choroby pęcherza moczowego, rozregulowanie cyklu miesiączkowego, bolesne miesiączki, impotencja, silne bóle w kolanach, ischias, lumbago, bóle lędźwiowe, zły krwiobieg w nogach, obrzęki kostek, „zimne" stopy, słabość w nogach, skurcze mięśni nóg, hemoroidy.*

To niepełny spis chorób, które są skutkiem braku należytego zainteresowania swoim kręgosłupem.

Amerykański uczony M. Glass w swojej książce „Przyczyny chorób" pisał: co dziesiąty uczeń w Ameryce nosi okulary, jest alergikiem, cierpi na bóle głowy i brzucha. Przyczyną tych wszystkich dolegliwości jest zwyrodnienie kręgosłupa. Ludzie często nie wiedzą, że 60% wszystkich chorób ma jedną przyczynę – zły stan kręgosłupa.

I dlatego, jeśli pojawiły się u Państwa objawy wymienionych chorób, w pierwszej kolejności proszę się zająć swoim kręgosłupem. Odpowiedzi na pytania, jak pozbyć się chorób kręgosłupa, pleców, kości, stawów, jak uczynić kręgosłup zdrowym, znajdą Państwo w rozdziale „Zdrowy kręgosłup".

II. NIEPRAWIDŁOWE ODDYCHANIE

Pierwsze, co robimy z chwilą przyjścia na świat, to wykonujemy głęboki wdech. I ostatnie, co robimy odchodząc z tego świata, to zatrzymujemy oddychanie. Między narodzinami i śmiercią mieści się życie, które całkowicie zależy od oddychania.

Oddychanie to niewidzialny „pokarm", bez którego człowiek nie może przeżyć nawet 5 minut. Z powietrza w procesie oddychania pobieramy tlen – produkt niezbędny każdej komórce naszego ciała. Kiedy go wdychamy, rozchodzi się z krwią i dostaje do płuc. W płucach zabiera śmiercionośny dwutlenek węgla (w którym są rozpuszczone szkodliwe toksyny). Przecież w procesie życiowym wytwarzamy trucizny. Te trucizny gromadzą się w krwi i są z nią przenoszone do płuc jako dwutlenek węgla. Z każdą porcją tlenu płuca uwalniają się od zgromadzonych toksyn. *Jeśli ilość dostarczanego tlenu nie będzie równa ilości wydalonego z organizmu dwutlenku węgla, to sprzyja zatruciu organizmu. Naruszenie tej równowagi jest jedną z głównych przyczyn chorób i przedwczesnej starości.* Według danych niemieckich uczonych, aż 9 osób spośród 10 oddycha nieprawidłowo. Dlaczego tak się dzieje?

Proszę poobserwować, jak oddychają małe dzieci. Gdy wdychają powietrze, brzuch im pęcznieje, rozszerza się, a podczas wydechu kurczy. Przy takim sposobie oddychania płucom daje się dużo przestrzeni i one pobierają powietrze częścią środkową i dolną. Im więcej tlenu dostanie się do płuc przy wdechu, tym lepsza jest wentylacja płuc i tym większa ilość erytrocytów krwi otrzymuje energię i tlen. *A to oznacza, że wszystkie reakcje utleniania odbywają się bez tworzenia się toksycznych dla organizmu produktów.*

Właśnie dzięki takiemu sposobowi oddychania, który nazywa się *przeponowym,* dzieci są ruchliwe, energiczne, wesołe.

Oddychanie człowieka dorosłego jest zupełnie inne. Z wiekiem, na skutek mało ruchliwego trybu życia, skrzywień kręgosłupa, nadwagi itd. człowiek zaczyna oddychać inaczej: przy wdechu wznoszą się ramiona i kości obojczyka, żebra rozchodzą się na boki, brzuch jest wciągnięty, klatka piersiowa się rozszerza. Przy takim sposobie oddychania, który nazywa się górnym, działa tylko górna, najmniejsza część płuc, powietrza zazwyczaj nie wystarcza i człowiek zmuszony jest oddychać często (szczególnie jest to zauważalne u osób tęgich). Tlen dochodzi do płuc małymi porcjami. Płuca zaczynają pracować intensywniej z dużym obciążeniem, ale tylko w swojej górnej części, co doprowadza do przedwczesnego zużycia komórek. W tkankach płuc tworzą się „martwe strefy" z martwych, nie funkcjonujących komórek. Im człowiek staje się starszy, tym większa ilość komórek przestaje brać udział w procesie oddychania. Organizm odczuwa ciągły głód tlenu (nawet jeśli są Państwo na świeżym powietrzu). To staje się przyczyną chorób nie tylko organów oddechowych, ale również układu krwionośnego, wątroby, nerek. *Nieprawidłowe oddychanie to jedna z głównych przyczyn nadciśnienia, cukrzycy, chorób alergicznych, schorzeń układu żołądkowo-jelitowego (owrzodzenie żołądka, nieżyt żołądka i okrężnicy itp.).*

Według teorii uczonych, jeśli człowiek nauczy się oddychać przeponowo i dodatkowo spowolni oddychanie, to pozwoli zahamować proces starzenia o 30-40 lat i ustrzec się wielu chorób. O tym, że wszyscy ludzie długowieczni oddychają powoli, wiadomo od dawna. Kiedy hinduskiego długowiecznego, który miał 130 lat, a wyglądał znacznie młodziej, zapytano, na czym polega sekret jego długowieczności, odpowiedział: na prawidłowym oddychaniu (oddychał jeden raz na minutę). *Im głębiej oddycha człowiek i rzadziej oddycha w ciągu minuty, tym dłuższe jest jego życie.*

Prawidłowe oddychanie jest gwarancją dobrego zdrowia i długiej młodości. „Sekrety" sposobów oddychania są szczegółowo opisane w rozdziale „Oddech jak życie".

III. BRAK WEWNĘTRZNEJ HIGIENY CIAŁA

O higienie zewnętrznej każdy wie, natomiast o higienie wewnętrznej wiemy niewiele. *Podczas gdy stan naszych wewnętrznych organów określa nasz wygląd zewnętrzny.*

Mało kto wie, że u dorosłej osoby w jelicie grubym znajduje się od 8 do 15 kg kamieni kałowych, które człowiek nosi przez całe życie.

Przeważnie po 40. roku życia grube jelito jest na tyle zapełnione kamieniami, że wypiera ze swoich miejsc inne organy, utrudniając pracę wątrobie, nerkom i płucom. To jest właśnie istotna przyczyna większości chorób. Spróbujmy wyjaśnić, na czym polega.

Posiłki możemy podzielić na grupy:

1. **Białka – mięso ryby, jaja itd.**
2. **Węglowodany – chleb, miód, cukierki, ziemniaki itd.**
3. **Tłuszcze – masło, olej, smalec itd.**
4. **Roślinne – warzywa, owoce, soki.**

Trawienie węglowodanów zaczyna się w jamie ustnej, białek w żołądku, a potraw roślinnych w jelicie cienkim.

Wystarczy zatem, że zjemy mięso razem z ziemniakami, by mieć kłopoty trawienne.

Na przetrawienie ziemniaka potrzeba około 1 godz., natomiast mięsa od 3 do 7 godzin.

Nie myślimy o tym, że różne produkty żywnościowe są trawione w różnym czasie. Masę energii, przeznaczonej na czynności życiowe i walkę z chorobami, organizm traci na strawienie obiadu, składającego się z nieodpowiednio dobranych składników. Niestrawione resztki pokarmu dostają się do jelita grubego, oddzielają się od strawionego pokarmu, zlepiają się w bryłkę, nazywaną kamieniem kałowym.

Jelito grube dla nas jest jak doniczka dla roślin, a strawiony pokarm gra rolę dobrze nawiezionej gleby. Człowiek to drzewo. Ścianki jelita grubego są pokryte korzonkami, które – podobnie jak korzenie rośliny – wsysają do krwi pożyteczne substancje. Każda grupa korzonków odżywia odpowiedni organ. Zbyteczne pozostałości są wydalane. To jest zrozumiałe. A co się dzieje z niestrawioną bryłką? Podczas następnego posiłku do niej dokleja się jeszcze jedna, potem następna...

Niestrawiony pokarm przylepia się do ścianek jelita grubego. Człowiek nosi tego aż kilka kilogramów. A co się dzieje z tymi produktami, „przechowywanymi" przez wiele lat w temperaturze powyżej 36°C, nietrudno sobie wyobrazić.

Funkcjonujący pod warstwą „brudów" układ wchłaniający jelita grubego dostarcza ciału toksyny, substancje rakotwórcze, produkty gnicia. To się rozumie samo przez się, że z tych substancji nie zbuduje się nowych komórek. Rozchodzą się one z krwią po całym organizmie i stopniowo osiadają na ściankach naczyń krwionośnych, w stawach.

Z powyższego jasno wynika, że u człowieka nie może być chory tylko jeden organ. Chory jest cały organizm. Po prostu jakiś organ odmawia posłuszeństwa jako pierwszy i leczyć go nie ma sensu. Bowiem gdy medycyna leczy jakąś konkretną chorobę, to tak naprawdę likwiduje skutek choroby ogólnej, czyli zanieczyszczenia całego organizmu.

Tymczasem główny sprawca chorób pozostaje i jest gotowy ujawnić się w każdej części ciała. Przecież z zanieczyszczonego jelita grubego stale przedostają się do organizmu szkodliwe substancje. Takie jelita są źródłem ogólnego zatrucia. Stale rosnące zasoby kamieni kałowych zmieniają się w zwały.

Ogromny nieruchomy worek z odpadami wypiera z właściwego miejsca organy wewnętrzne, uciska przeponę – główny mięsień oddechowy, wyłącza ją z procesu oddychania, znacznie zmniejszając objętość płuc. Wypierana jest ze swego miejsca wątroba, podpierane są nerki, zmniejsza się ruchliwość jelita cienkiego, u mężczyzn zaciskany jest układ moczowo-płciowy.

Szczególnie cierpi dolna część odbytu: przeciążone żyły uwypuklają się, tworząc krwawe guzy. Niezliczone są objawy i uszkodzenia organów, nieprzewidywalna jest diagnostyka chorób powstałych z powodu zanieczyszczonego jelita grubego. Ale szczytem wszystkiego jest niedrożność w ostatnim stadium raka, kiedy zatyka się wąski kanał i człowiek skazany jest na śmierć z powodu zatrucia organizmu.

MIKROFLORA JELITA GRUBEGO

W jelicie grubym znajduje się ponad 500 gatunków bakterii. W zdrowym jelicie grubym te bakterie przetwarzają resztki pokarmu, niszczą chorobotwórcze bakterie, ale także wytwarzają niezbędne dla organizmu witaminy, hormony, enzymy, aminokwasy.

Spożywanie dużych ilości białka powoduje w jelicie grubym procesy gnicia, przy których wydziela się trujący gaz metan. Ten gaz niszczy gatunek bakterii, produkujących witaminy z grupy B i spełniających bardzo ważną funkcję, a mianowicie chroniących organizm przed powstawaniem komórek nowotworowych.

Wynika z tego, że brak tylko jednego rodzaju bakterii może spowodować nieobliczalne komplikacje w naszym organizmie. Francuski profesor Pachent pisze: „Zauważyłem, że u kobiet, które zachorowały na raka piersi, w 9 przypadkach na 10 można było zaobserwować zahamowanie pracy jelit. Jeśliby na 10 – 15 lat przed tym faktem przeprowadzono zabiegi profilaktyczne (oczyszczenie jelita grubego), to nigdy nie miałyby ani nowotworu piersi, ani żadnej innej choroby nowotworowej".

JELITO GRUBE „BEZPIECZNIKIEM" ZDROWIA

Przyroda zaopatrzyła organizm człowieka w mocny system obronny. Jelito grube pełni w nim bardzo istotną rolę. Każdy odcinek jelita grubego stymuluje odpowiedni organ w naszym ciele. *Jeśli jelito grube jest zdrowe, niestraszne są nam żadne choroby, natomiast jeśli w jelicie grubym powstaje „osad" lub naruszona jest jego mikroflora, to stan zdrowia jest zagrożony.* Na przedstawionym rysunku (str. 17) widoczne są choroby, które powstają wskutek tworzenia się „osadu" w jelicie grubym.

Niektóre oznaki chorego jelita grubego:

1. Wzdęcia brzucha, zaparcia, gazy.
2. Czarny nalot na zębach.
3. Szary, biały lub lekko żółty nalot na języku.
4. Pojawienie się na ciele znamion, wiszących brodawek.

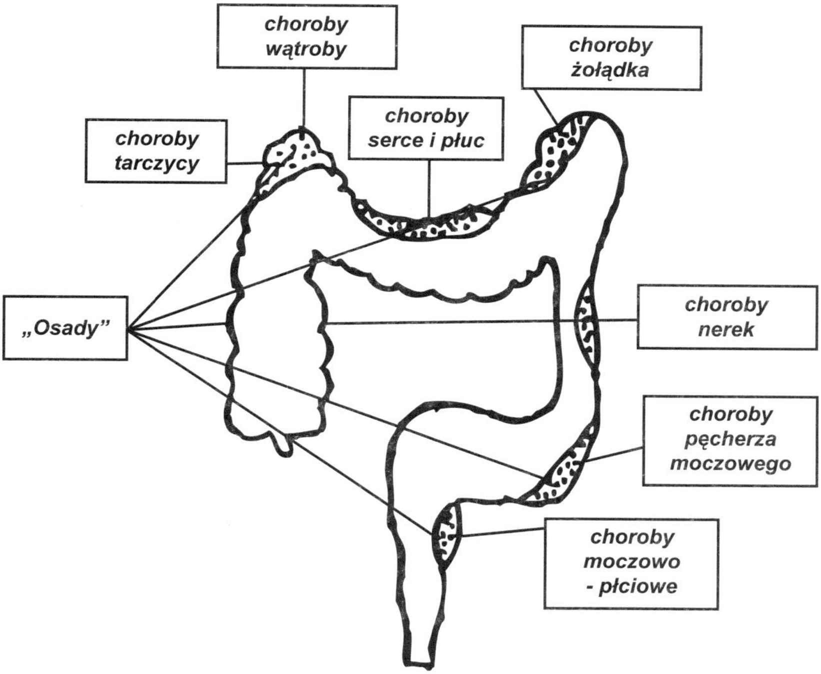

Powstawanie chorób wskutek tworzenia się „osadu" w jelicie grubym

SZANUJ SWOJE ZDROWIE JAK SWÓJ SAMOCHÓD – TROSKLIWIE I CZULE

To powiedzenie często jest używane na Zachodzie. Każdy, kto posiada samochód, dba o jego czystość z zewnątrz i od wewnątrz. Stosuje oleje i paliwo najlepszej jakości.

Dlaczego człowiek podchodzi do własnego zdrowia bez takiej odpowiedzialności? Jeśli nie będziemy sprzątać samochodu wewnątrz chociażby rok, nazbiera się brudu i kurzu.

Tymczasem większość ludzi przez całe życie „nie sprząta" wnętrza swojego organizmu i dlatego po czterdziestym roku życia organizm jest tak zmęczony walką z zanieczyszczeniami, złogami, i chorobotwórczymi bakteriami, że zaczyna być bardziej podatny na choroby.

Popatrzmy na siebie uważnie – trudno znaleźć człowieka, który byłby zupełnie zdrowy po przekroczeniu tej magicznej granicy. Weźmy na przykład przeciętną rodzinę. Babcia ma ciągle bóle w stawach, kolanach, kościach, słaby wzrok. Dziadek ma chore serce, choroby układu pokarmowego lub astmę. Ojciec kłopoty z trawieniem i bóle w kręgosłupie, mama częste zaparcia, bóle głowy. Po praniu lub myciu okien cierpi na bóle w plecach itp.

Dzieci noszą okulary, są alergikami, na twarzy i ciele mają wypryski, pryszcze, trapią je katary i przeziębienia.

W telewizji często reklamowane są „cudowne" środki na pryszcze, próchnicę, bóle w stawach, katar. Ale tak naprawdę wszystkie te środki walczą tylko ze skutkami, które widzimy na zewnątrz, a których przyczyny znajdują się w nas.

Natura tak stworzyła organizm, że w każdej sekundzie rodzi się i umiera jednakowa liczba komórek. W zanieczyszczonym organizmie liczba starych komórek zawsze jest większa niż nowych. I właśnie taki „bilans" jest przyczyną chorób i niedołężnej starości.

Ciało jest złożone z komórek. Ewolucja komórek rozpoczęła się od prostego jednokomórkowca, który miał dwa otwory: jeden przystosowany do odżywiania (pobieranie pokarmu), drugi do wydalania. Między tymi dwoma otworami toczyło się życie komórki. Jeśli proces wydalania był naruszony, komórka ginęła. Był to model idealny, mimo iż tak prosty. *Organizm człowieka składa się z miliardów komórek, ale zasady ich pracy są takie same: zakłócenia pracy wydalania w komórce powodują choroby i śmierć.*

Znany lekarz Gerżon w swojej książce pod tytułem „Leczenie raka" pisał: „Rak to jest zemsta natury za nieprawidłowo zjedzone posiłki".

AUTOTOKSYKACJA

Samozatruwanie organizmu (autotoksykacja) jest najstraszniejszym wrogiem naszego zdrowia. Jest przyczyną prawie wszystkich chorób, ponieważ wszystkie one mają swój początek w zatruciu krwi. Są wśród nich choroby uszkadzające serce, wątrobę, nerki, stawy i tętnice (arterie).

Starożytni mędrcy, jogowie, lekarze egipscy i tybetańscy od dawien dawna znali fundamentalną prawdę: *jelito grube musi być utrzymywane w absolutnym porządku, jeśli oczywiście człowiek chce być zdrów.*

Na skutek nieprawidłowego odżywiania się, a głównie spożywania produktów gotowanych i skrobiowych (artykuły mączne, obficie doprawiane masłem i cukrem, łączone na przemian z produktami białkowymi: mięsem, kiełbasą, żółtym serem, nabiałem, jajami) w jelicie grubym pozostają na ściankach osady.

Każdy pokarm, przekształcając się w masę pełną bakterii, tworzy substancje trujące – toksyny. Te substancje są wchłanianie przez ścianki jelita grubego, następnie przedostają się do krwi, rozchodzą się po całym organizmie i powodują choroby. Pokarm ma więc nie tylko działanie budujące, ale również niszczące. Gromadzący się w fałdach jelita grubego osad tworzy kamienie, które powodują procesy gnicia i fermentowania. Toksyczne produkty tych procesów wywołują zjawisko, które otrzymało nazwę samozatruwania organizmu, czyli autotoksykacji.

Jedną z wielu przyczyn autotoksykacji są zaparcia. Jeżeli trwają od 24 do 32 godzin, są już problemem dla organizmu.

Obłożony język, nieświeży oddech, napadowe bóle głowy, zawroty głowy, apatia, senność, ciążenie w dolnej części brzucha, wzdęcia, burczenie w brzuchu, zmniejszenie apetytu, skrytość, pobudliwość, mroczne myśli - wszystko to są skutki zaparć.

KREW JAK ŻYCIE

Nasze ciało składa się z komórek. Komórki „tkają" tkankę. Te zaś kształtują się w organy. Z szeregu organów tworzy się układ organów (nerwowy, kostny, wydzielania wewnętrznego itd.), przy czym wszystkiej ze sobą ściśle powiązane.

Komórki odżywiają się krwią. Krew to życie. Ale tylko czysta i zdrowa krew, nasycona niezbędną energią, mikroelementami i witaminami może stworzyć zdrowe komórki, kości, skórę, włosy, zęby. Tylko krew wolna od trucizn może utrzymywać w należytym porządku i stanie cały organizm.

Krew zanieczyszczona wskutek zaparcia jest źródłem samozatrucia. Wiele chorób przychodzi do nas przez żołądek. Jedną z najczęstszych przyczyn zaparcia jest spożycie wysokokalorycznego pożywienia niedużej objętości. Zły nawyk zaspokajania głodu kanapką, którą popija się herbatą lub kawą, powoduje powstawanie bardzo małej ilości masy kałowej w jelicie grubym. Nie wywołuje ona parcia na stolec, w wyniku czego w ciągu kilku dni nie odczuwamy potrzeby wypróżniania. To ewidentny przykład zaparcia.

Następną przyczyną zaparcia jest spożywanie zbyt dużych ilości pokarmu. Dawno zostało dowiedzione, że człowiek spożywa 3 -5 razy więcej pokarmu, niż jest to niezbędne dla jego organizmu.

Kiedy człowiek się objada, a nie wszystkie produkty są przyswajane, część pokarmu zacznie gnić. Podczas gnicia produktów tworzy się pleśń, która sprzyja tworzeniu się stanów chorobowych.

NIEBEZPIECZNA PLEŚŃ

W utworzonej pleśni pojawiają się zarodniki. Są one wchłaniane przez krew i rozchodzą się po całym organizmie. Następnie zaczynają wrastać w najbardziej osłabione części ciała.

Rozrastając się, dają produkty fizjologiczne pod postacią białych, podobnych do wosku substancji. Takie schorzenie nazywamy stwardnieniem. Czas biegnie, proces ten się komplikuje, a gnijące masy w jelicie powodują zwyrodnienie pleśni, która zaczyna uszkadzać stawy. W ten sposób powstaje zapalenie stawów.

Zewnętrznym dowodem utworzenia się pleśni w organizmie i zwyrodnienia błon śluzowych jelita grubego jest powstawanie czarnego nalotu na zębach. Gdy zaprowadzi się porządek w jelicie grubym, ten nalot znika. Proces gnicia w jelicie grubym powoduje ciężki, nieprzyjemny zapach z jamy ustnej. Nie można pozbyć się go przez mycie zębów ani płukanie ust.

Pryszcze, wypryski, czyraki, skórne egzemy, pojawienie się torbieli i guzów to wszystko są skutki zatrucia organizmu. Czystość naszego organizmu jest gwarancją zdrowia. Czysty organizm to zdrowe paznokcie, włosy, zęby, skóra, organy wewnętrzne. Istnieje wiele sposobów oczyszczenia organizmu. W rozdziale „Oczyszczanie" każdy może znaleźć dla siebie najodpowiedniejszy sposób, żeby pozbyć się toksyn i złogów, które latami odkładają się w naszym ciele.

III. NIEPRAWIDŁOWE ODŻYWIANIE

Weźmy na przykład ulubiony posiłek – kanapkę (chleb posmarowany masłem z wędliną), popijany herbatą lub kawą.

Taka kanapka ma w sobie dużo kalorii. Mała objętość kanapki nie zmusza jednak jelita grubego do pracy. Staje się ono osłabione, wiotkie, co z czasem powoduje zaparcia ze wszystkimi szkodliwymi skutkami dla organizmu.

Chleb, masło, wędlina, gotowane i rafinowane produkty posiadają w małych ilościach bioregulatory (naturalne witaminy, hormony, enzymy). Spożywanie tych produktów powoduje zakłócenia w pracy hormonalnego systemu układu pokarmowego, który „ciągnie" za sobą kolejne zaburzenia.

Np. przy nieprawidłowej pracy dwunastnicy powstają choroby tarczycy i trzustki, a także zaburzenia niektórych ośrodków mózgu.

Chleb (przeważnie pszenny) jest zawsze wypiekany na drożdżach piekarskich, które powodują procesy gnicia i fermentacji w układzie pokarmowym. Chleb należy do węglowodanów, masło do tłuszczów, a wędliny do grupy białkowej. Połączenie tych produktów tworzy ciężko strawną mieszankę.

Węglowodany są częściowo trawione w jamie ustnej i dwunastnicy, białka w żołądku i dwunastnicy, przy czym w żołądku i dwunastnicy do strawienia białka i węglowodanów są wytwarzane różne soki trawienne. Masło, dostając się do żołądka, hamuje ich działanie. W rezultacie proces trawienia jest zahamowany, pożywienie w żołądku leży„kamieniem".

Popijając to wszystko płynem (herbatą, kawą itp.), zmywamy niestrawiony pokarm i kwaśny żołądkowy sok dwunastnicy. W dwunastnicy istnieje odczyn zasadowy. Kwaśny sok żołądkowy niszczy śluzówkę dwunastnicy, co powoduje jej zapalenie, zgagę, wrzody , a z biegiem czasu choroby całego układu pokarmowego.

Z dwunastnicy niestrawione resztki pokarmu dostają się do jelita grubego, gdzie niestrawiony chleb powoduje gnicie, a wędlina tworzy „osad" i kamienie kałowe. Jak „osad" wpływa na stan zdrowia, już wiemy.

Niektórzy nie wyobrażają sobie życia bez kanapki. Nie jestem przeciwnikiem kanapek, ale *chcę tym przykładem zwrócić uwagę na niebezpieczne dla zdrowia połączenie produktów.*

Zużywanie dużych ilości białka zwierzęcego (mięso, wędliny itp.) powoduje ciągłe gnicie w układzie pokarmowym, zaparcia i zanieczyszczenie organizmu.

Mięso nie ma zapachu, smaku i dlatego, by można je było spożywać, należy je smażyć, gotować, dodawać przypraw, solić, tak by poprawić jego smak.

W trakcie gotowania mięsa wytwarza się w nim 20 trujących substancji, które niszczą naczynia krwionośne i układ nerwowy. Ubocznymi produktami trawienia mięsa są kwas mlekowy i szczawiowy, bardzo negatywnie wpływające na stan naszego zdrowia.

Nadmierne spożywanie białka zwierzęcego, szczególnie we wczesnym dzieciństwie, osłabia naturalne zabezpieczenie przed chorobami (na trawienie mięsa organizm traci dużo energii). Wszelkiego rodzaju uczulenia, egzemy i inne dziecięce choroby, które określamy mianem chorób przemiany materii, są skutkiem ślepej miłości rodziców. To właśnie oni, wzbogacając odżywianie dziecka mięsem, nieświadomie, powoli "zabijają" własne dziecko.

Jaki pokarm daje nam energię do życia? Taki, który rośnie pod promieniami słońca. Tylko słońce jest uniwersalnym źródłem energii i wszystkiego, co żywe.

Natura obdarzyła rośliny zdolnością akumulowania i przerabiania energii słonecznej, którą potem oddają człowiekowi.

Każdy z nas łatwo może policzyć ilość kalorii, zużytych w ciągu doby. Przy codziennym mieszanym pożywieniu (należy także liczyć zjedzone słodycze, kawę, lody itd.), otrzymujemy średnio 2500 kcal. Według danych Światowej Organizacji Zdrowia, od urodzenia aż do śmierci człowiek średnio zużywa 50.000.000 kcal.

Teraz możemy podliczyć średnią długość życia (przy mieszanym pożywieniu) i dlatego 50.000.000 kcal (energia zużyta w ciągu życia), dzielona na 2500 kcal (energia zużyta w ciągu doby) = 20.000 dób, czyli 58 lat.

Teraz spróbujemy policzyć średnią długość życia zwolenników naturalnych roślinnych posiłków, którzy średnio zużywają do 1.000 kcal w ciągu doby.

50.000.000 kcal: 1.000 kcal = 50.000 dób, lub 137 lat. To już nie jest arytmetyka, lecz nasze życie.

Niezaprzeczalnym naukowym faktem jest to, że na każde 1.000 osób, odżywiających się mieszanymi posiłkami lub mięsożernych, w wieku do 60 lat przypada jeden wegetarianin, a na każde 1.000 „mięsożernych" po siedemdziesiątce jest już 100 wegetarian.

W wieku ponad 80 lat na każde 1.000 mięsożernych przypada 600 wegetarian.

Odżywianie oparte tylko na liczeniu kalorii jest błędne z fizjologicznego punktu widzenia. Cała tajemnica tkwi w bilansie białka, węglowodanów, tłuszczów, soli mineralnych, witamin i mikroelementów.

Jeśli ich ilość jest zbilansowana (przy odżywianiu się naturalnymi produktami roślinnymi), to organizm otrzymuje dużo energii i człowiek nie bywa głodny. Energetyczna wartość posiłków jest uzależniona od ich łączenia i sposobu gotowania. Przy długim gotowaniu prawie wszystkie posiłki tracą od 50 do 70% swojej wartości.

Enzymy giną przy podgrzewaniu powyżej 47°C, a większość witamin przy 100°C, gotowane posiłki mają w sobie bardzo mało energii. Człowiek, żeby nie być głodnym, musi spożywać duże ilości gotowanych posiłków. To powoduje nadwagę i tak tworzy się błędne koło.

Z jednej strony człowiek walczy z ilością spożywanych posiłków, a z drugiej – z nadwagą. Niepotrzebnie męczy swój organizm różnymi dietami oraz środkami odchudzającymi. Kuracje się kończą, a nadwaga wraca.

Stąd wniosek: żadna kuracja ani dieta, żaden kucharz nie zbilansuje zawartości białka, tłuszczów, węglowodanów, witamin i mikroelementów w posiłkach tak, jak to stworzyła natura w warzywach i owocach, w orzechach i słoneczniku, czyli w naturalnym pożywieniu.

NIE KAŻDY MUSI BYĆ WEGETARIANINEM

Chcę, żeby mnie prawidłowo zrozumiano. Nie wszyscy muszą być wegetarianami. Nie namawiam, by zrzec się wszystkich dobrodziejstw i ziemskich radości, bez których życie traci połowę wdzięku.

Namawiam natomiast do przestrzegania umiaru we wszystkim, bo to jest jeden z warunków istnienia człowieka.

Najbardziej interesującą wszystkich, a jednocześnie najtrudniejszą kwestią jest odpowiedź na pytanie, co człowiek powinien jeść. Jaką dietę powinien stosować?

Umiejętność prawidłowego odżywiania to wielka sztuka! Nie wystarczy smacznie gotować, trzeba się nauczyć prawidłowo odżywiać.

Odpowiedzi na pytania, jak prawidłowo łączyć (komponować) produkty, żeby jedzenie służyło naszemu zdrowiu, znajdą Państwo w rozdziale „Zdrowe odżywianie".

BRAK UMIEJĘTNOŚCI SZCZĘŚLIWEGO ŻYCIA

Człowiek jest produktem swojego trybu życia. Innymi słowy wszystko co jest dobre i złe w naszym życiu stanowi wynik naszego sposobu myślenia, wpływającego na to, co się z nami dzieje. *Proszę zwrócić uwagę na swoje słowa. Jeśli zauważą Państwo, że tę samą myśl wypowiadacie przez kilka dni, i to po kilka razy, to oznacza, że stała się ona dla Was szablonowa, stereotypowa. Zgodnie z prawem energii, na każde działanie istnieje równe mu przeciwdziałanie. Myśl to produkt energetyczny naszego mózgu i bezwarunkowo powróci do nas w naszych sprawach i postępowaniu.* A jeśli nasze myśli są przepełnione gniewem i trwogą, bólem, smutkiem i uczuciem zemsty, to – jak Państwo sądzą – w jakie czyny mogą się przerodzić? *Kontrolować swoje zdrowie i życie można tylko kontrolując swoje słowa i myśli. Wszyscy my-*

ślimy stereotypowo. Jeśli myśli są pozytywne, to w życiu zazwyczaj czeka nas wszystko, co najlepsze, jeśli dominują myśli negatywne, to i życie staje się nieudane i trudne.

Jak się okazuje, nasze myśli stanowią nie tylko o naszych powodzeniach i klęskach życiowych, a także odgrywają znaczącą rolę w naszym zdrowiu, wpływając na nie. Na przykład wiele osób uskarża się na bóle głowy, mięśni szyi i pleców. Jaka jest przyczyna tych dolegliwości? Szyja to symbol miękkości, elastyczności, giętkości podejścia do problemów, umiejętności podejścia do rozwiązania problemu z różnych stron. Ludzie uparci, nie potrafiący pójść na kompromis, pozbawieni umiejętności spojrzenia na sprawę oczami swego oponenta (przeciwnika), będą odczuwać bóle głowy, bóle szyi i pleców, dopóki nie nauczą się traktować cudzych opinii (innego zdania) z większą miłością i zrozumieniem niż swoich. Koniecznie należy zrozumieć, że każda dolegliwość w naszym ciele ma nie tylko fizyczne, ale również psychiczne przyczyny. Jeśli człowiek przyzwyczaił się do krytykowania wszystkich i wszystkiego, to zaczynają go boleć stawy i mięśnie; jeśli w człowieku dominują gniew i nienawiść, to jego organizm jakby się spala, jest atakowany przez różne infekcje (choroby wątroby). Długo pamiętana doznana kiedyś krzywda rozkłada i „pożera" ciało, w końcu prowadzi do powstawania nowotworów i chorób onkologicznych.

Człowiek, który nieustannie ma poczucie winy, również cierpi na różnorodne dolegliwości, które się pojawiają w całym ciele. Nasuwa się jasny wniosek: należy jak najszybciej pozbyć się negatywnych myśli – stereotypów kiedy jeszcze jesteśmy zdrowi, a nie usiłować je wykorzenić już po pojawieniu się choroby.

Kontrola swoich myśli i uczynków, skierowana na myślenie pozytywne, tworzenie pozytywnych myśli – stereotypów jest drogą prowadzącą nie tylko do zdrowia psychicznego, ale i fizycznego. Każdy człowiek powinien wypracowywać w sobie umiejętność życia szczęśliwego.

ZDROWY KRĘGOSŁUP

I zasada zdrowia KRĘGOSŁUP

ZDROWY KRĘGOSŁUP

I zasada zdrowia

CHORY KRĘGOSŁUP – CHORY CZŁOWIEK

Pewnego razu zwróciła się do mnie kobieta w wieku 35 lat, która cierpiała na nieustające bóle głowy. W okolicy serca odczuwała stale ciężar, a przy najmniejszym wysiłku zmęczenie. W czasie badania zauważyłem u niej zwyrodnienie kręgów szyjnych.

Inna z moich pacjentek cierpiała na bezsenność i bóle żołądka. Przyczyną tych dolegliwości było lekkie zwichnięcie kręgów szyjnych i piersiowych.

W obu przypadkach po nastawieniu kręgów dolegliwości ustąpiły. Chcę dodać, że obydwie miały rentgenowskie zdjęcia, na których nie były widoczne żadne zmiany w kręgosłupie.

Dlaczego przytoczyłem te przykłady? Czasami najlepsze badania nie są w stanie wykryć minimalnych zwichnięć, które powodują powstawanie pozornie nie związanych z kręgosłupem dolegliwości.

Kręgosłup jest podstawą, na której utrzymuje się wszystko, z czego składa się ciało człowieka. Bardzo często w czasie gwałtownych ruchów występują minimalne zwichnięcia kręgów, mięśnie wokół zwichniętego kręgu stają się sztywne, a to przeszkadza kręgowi wrócić na prawidłowe miejsce.

Spróbujmy stanąć przed lustrem i popatrzeć na siebie uważnie. Jak wygląda nasz kręgosłup? Czy nie pojawia się u nas garb? Czy brzuch nie jest wypięty do przodu? Czy nie męczą nas bóle pleców?

Niestety, u większości osób występują wszystkie te objawy. Ból w plecach i wypięty brzuch są konsekwencją słabych mięśni pleców. Kiedyś trzymały nasz kręgosłup bez żadnego napięcia. *Z wiekiem mięśnie osłabły, głównie z powodu spania na miękkim materacu, braku ruchu, nieprawidłowego odżywiania się i w efekcie nadwagi.*

Większość ludzi ma już tak duże zwyrodnienia kręgosłupa, że do ich zlikwidowania potrzebne są cierpliwość i czas. Bóle nie ustępują tak szybko, jak byśmy tego chcieli.

Ale to wszystko można naprawić. Człowiek powinien wypracować sobie przyzwyczajenie bycia zdrowym, zrozumieć, że jest gospodarzem swojego ciała. Aby kręgosłup był zdrowy, powinniśmy spać na twardym materacu, twardej poduszce i wykonywać odpowiednie ćwiczenia.

DLACZEGO KORZYSTNE DLA ZDROWIA JEST SPANIE NA TWARDYM MATERACU?

1/3 swojego życia człowiek śpi. W czasie snu jego mięśnie rozluźniają się, napinając ciało nieświadomie. Ruchy te różnią się od wykonywanych w ciągu dnia. Potrzebują minimalnej ilości energii i dlatego sen jest najlepszym czasem do rehabilitacji kręgosłupa.

Materac, na którym śpimy, powinien być na tyle twardy, ile można wytrzymać bez ryzyka zaburzenia snu. Spać powinno się równo, na plecach, ręce powinny być ułożone wzdłuż ciała, a nogi rozluźnione. Kiedy ciało znajduje się w takiej pozycji, jego waga rozkłada się równomiernie na powierzchni łóżka, mięśnie są maksymalnie rozluźnione, a wszystkie zwichnięcia kręgów, które mogły wystąpić w ciągu dnia, lekko się prostują.

Serce ma w tym momencie minimalne obciążenie, lekko pompuje krew, co powoduje lepsze krążenie. Lepsze krążenie krwi ułatwia z kolei pracę wątrobie, która łatwo wtedy wyrzuca z organizmu szkodliwa toksyny.

Dobra praca wątroby powoduje lepszą przemianę materii i dlatego bez żadnej diety po dwóch miesiącach spania na twardym materacu nasza waga spadnie od 3 do 5 kg, a różne dolegliwości znikną. Chcę powiedzieć, że śpiąc przez pierwsze dni na twardym materacu, będziemy odczuwać bóle mięśni i kręgosłupa. Natomiast kiedy znikną zwichnięcia kręgów, bóle ustąpią (po 10-14 dniach).

DLACZEGO SZKODLIWE JEST SPANIE NA MIĘKKIM MATERACU?

Na miękkim materacu kręgosłup nie jest w stanie rozluźnić się całkowicie, co powoduje jeszcze większe zwichnięcia kręgów.

Naukowo udowodniono, że jeśli kręgi piersiowe od 3. do 20. rozkładają się równomiernie w poziomie, wątroba pracuje efektywnie. *Natomiast u osób śpiących na miękkim materacu kręgi zawsze obrazują wygięcie, co znacznie utrudnia pracę wątroby.*

Wątroba to chemiczne laboratorium naszego organizmu, od jej pracy zależy jakość naszej krwi, a dobra jakość krwi to zdrowe zęby, włosy, paznokcie, skóra.

Jakość (czyli w tym wypadku twardość) materaca, na którym śpimy, ma kolosalny wpływ na zdrowie naszego kręgosłupa, a pośrednio na cały organizm.

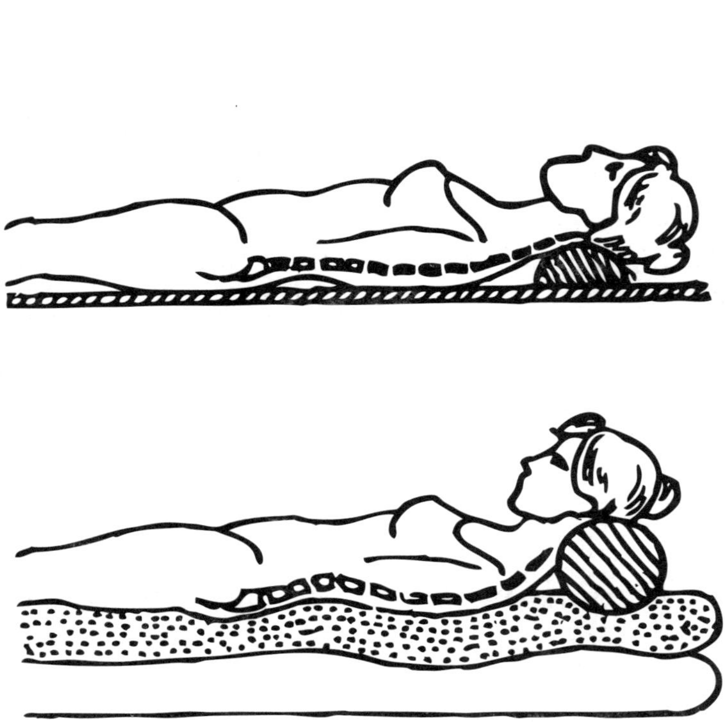

Ułożenie kręgów na twardym i miękkim materacu

1. Kręgi prawidłowo ułożone, kiedy śpimy na twardym i równym materacu
2. Kręgi wyginają się i następuje ich zwyrodnienie, kiedy śpimy na miękkim materacu i wysokiej poduszce

Rysunek ilustruje, na czym polega pozytywny i negatywny wpływ łóżka, na którym śpimy, na stan naszego kręgosłupa. Warto zadbać o miejsce, gdzie spędzamy jedną trzecią naszego życia, by dobrze służyło naszemu zdrowiu, a nie je osłabiało i powodowało cierpienia.

DLACZEGO KORZYSTNE JEST SPANIE NA TWARDEJ PODUSZCE?

Poduszka, na której śpimy, powinna być twarda, niska i mała. Osoby, które są przyzwyczajone spać bez poduszki, powinny podkładać pod kark wałek skręcony z ręcznika lub twardy jasiek. Twarda poduszka podtrzymuje normalny stan przegrody nosowej. Każdy wie, że przy zemdleniach, utracie świadomości, alkoholowym zatruciu, zaleca się powąchać watę zmoczoną w amoniaku. Skutek jest natychmiastowy. *Przegroda nosowa jest odpowiedzialna za fizjologiczną równowagę wszystkich organów naszego ciała. Dlatego łatwe oddychanie przez oba nozdrza jest bardzo istotne dla prawidłowego funkcjonowania organizmu.*

Natomiast gdy śpimy na miękkich, dużych i wysokich poduszkach, kręgosłup jest skrzywiony na tyle, że trudno oddychać przez nos i dlatego zaczynamy oddychać przez usta. *Przyzwyczajenie oddychania przez usta jest niebezpieczne dla zdrowia, ponieważ przez jamę ustną łatwo dostają się zarazki do dróg oddechowych.*

Następstwem spania na miękkich, wysokich poduszkach są częste katary, choroby gardła, oskrzeli i płuc.

OPERACJA TO OSTATECZNOŚĆ

Chorzy często liczą na operację jako na panaceum na wszelkie dolegliwości. W USA wykonuje się rocznie ok. 200 tysięcy różnych operacji u chorych z zespołem bólowym krzyża. Połowa z nich nie przynosi poprawy, czyli jest niepotrzebna.

Operacja polega na usunięciu zniszczonego dysku. Ale usunięcie jednego może spowodować konieczność ponownej operacji usunięcia następnego, z odcinkowym usztywnieniem kręgosłupa. Trzeba bowiem pamiętać, że operacja usuwa przyczynę ucisku na struktury nerwowe, ale nie usuwa przyczyny zniszczenia samego dysku. Operacja to ostateczność, kiedy zawiodąwszystkie metody zachowawcze.

Przez całe życie „zapracowujemy" na stan własnego kręgosłupa. Jeśli zaniedbujemy go na co dzień, musimy liczyć się z faktem, że raczej prędzej niż później ból przekroczy granicę naszej wytrzymałości. Wtedy znajdziemy czas, a nawet mnóstwo czasu, na leczenie. Czy nie lepiej poświęcić odrobinę uwagi i czasu na profilaktykę?

PROFILAKTYKA JEST NAJLEPSZYM SPOSOBEM NA UNIKNIĘCIE KŁOPOTÓW Z KRĘGOSŁUPEM

1. Należy cały czas obserwować siebie, chodzić prosto, stać *prosto, siedzieć prosto, brzuch powinien być wciągnięty, plecy wyprostowane, głowa uniesiona lekko w górę.*
2. Siedząc nie należy nigdy zakładać nogi nogę, ponieważ pod *kolanami znajdują się dwie duże arterie (tętnice), których ucisk powoduje naruszenie ogólnego krążenia krwi.*
3. Przyzwyczajenie siadania z nogą założoną na nogę z *wiekiem powoduje bóle w kręgosłupie i mięśniach nóg, żylaki, choroby naczyń krwionośnych kończyn dolnych.*
4. Nie podnoś ciężarów z pozycji stojącej. Mniej obciążasz *kręgosłup, jeśli uginasz kolana.*
5. Wzmacniaj mięśnie brzucha – odciążają one kręgosłup o *20%.*
6. *Ciężar rozkładaj na oba ramiona.*

Proponuję zestawy kompleksowych ćwiczeń, których wykonywanie pozwoli na utrzymanie dobrej sylwetki, likwidację bólów w kręgosłupie. Przedstawione zestawy ćwiczeń nie wymagają dużo czasu i wysiłku, a efekt jest doskonały.

Zestaw ćwiczeń nr 1

Po przebudzeniu należy kilka razy przeciągnąć się. Leżąc na plecach z całej siły należy naciskać tyłem głowy na poduszkę. Naciskając przez 5 sekund, 5 sekund odpoczywać. Powtarzać 6 razy. Następnie położyć poduszkę na piersi i przez 5 sekund mocno ją obejmować.

Położyć poduszkę między nogami, ściskać ją mocno kolanami przez 5 sekund – 5 s odpoczywać. Powtarzać 6 razy. Następnie na 5 s podnieść nogi do góry pod kątem 45°, 5 s odpoczywać, powtórzyć 6 razy. Palcami jednej nogi przez 5 s należy ciągnąć na siebie palce drugiej nogi i tak należy robić na zmianę 6 razy.

Tak minęło 5 minut. Ćwiczenia zakończone, mięśnie i naczynia krwionośne rozgrzane. Ponieważ ćwiczenia są wykonywane w pozycji leżącej, obciążenie mięśnia sercowego jest minimalne i dlatego mogą je wykonywać zarówno starzy, dorośli, jak i dzieci.

Zestaw ćwiczeń nr 2

Ten zestaw ćwiczeń koryguje pracę mięśni, nerwów, wewnętrznych organów i naczyń krwionośnych, normalizuje pracę układu nerwowego i pokarmowego, ma dobry wpływ na zdolności umysłowe. Jest wskazany dla osób, które prowadzą intensywny tryb życia i pracy.

1. Usiąść na krześle, ręce położyć na kolanach, podnosić i opuszczać ramiona 10 razy.
2. W tej samej pozycji robić skłony głową w prawą i lewą stronę , po 10 razy w każdą stronę.
3. Następnie skłaniać głowę do przodu i do tyłu po 10 razy w każdą stronę.
4. Skłaniać głowę w prawo 10 razy, w lewo, i znów 10 razy.
5. Wyciągnąć ręce do przodu w poziomie, kręcić głową w prawą i w lewą stronę po 5 razy.

6. Podnieść ręce do góry nad głową równolegle i kręcić głową w prawo i w lewo po 5 razy.
7. Położyć ręce na ramiona pod kątem prostym, odchylać ręce do tyłu, a podbródek ciągnąć do przodu i w górę.
8. Ręce położyć na kolanach, oczy zamknięte. Powoli kręcić głową wkoło 5 razy w prawą i w lewą stronę. Następnie z zamkniętymi oczami zrobić 3 razy głęboki wdech i wydech. Otworzyć oczy.

Po wykonaniu tych ćwiczeń należy wziąć kontrastowy prysznic: 30 s ciepły, 10 s chłodny lub zimny.

ŻYCIE TO RUCH

Starożytny grecki filozof Arystoteles często powtarzał swoim uczniom: „Nic tak nie niszczy organizmu, jak długotrwała fizyczna bezczynność".

Fizyczne obciążenia są niezbędne dla naszego organizmu do prawidłowego funkcjonowania serca, mięśni, układu krwionośnego, do wydalania odchodów i toksyn, czyli do zwiększenia możliwości rezerwowych całego organizmu. Musimy pamiętać, że wzdłuż naszego kręgosłupa przebiega główna arteria energetyczna, po której energia, którą pobieramy ze środowiska naturalnego, rozchodzi się po całym ciele. Żeby organizm dobrze przyswoił tę energię, trzeba się dużo ruszać. Ruch jest pożyteczny dla wszystkich – młodych i starych. Szczególnie dużo ruchu potrzebuje chory organizm. *Chory organizm wymaga obciążenia kilkadziesiąt razy większego niż organizm zdrowy.* Ci, którzy cierpią na schorzenia serca, układu krwionośnego, źle znoszą zmiany ciśnienia atmosferycznego, mogą za pomocą regularnych ćwiczeń tak wytrenować swój organizm, że nie będzie źle reagował na burze magnetyczne, zmiany ciśnienia atmosferycznego, promieniowanie słoneczne itp.

Człowiek powinien zrozumieć prostą prawdę, że prowadząc aktywny tryb życia nie tylko chroni swoje zdrowie, ale również może pozbyć się wielu chorób. Co zazwyczaj przeszkadza nam zażywać dużo ruchu? Nasze zwykłe lenistwo!

Proszę Państwa o zmianę dotychczasowego sposobu myślenia. „Z niczym nie mogę zdążyć, brakuje mi czasu". Przekonajcie siebie samych, że ruch to „pożywienie" dla Waszych mięśni, organów wewnętrznych, mózgu, „pożywienie", bez którego Wasz organizm słabnie, choruje, starzeje się. Sądzę, że z proponowanych Państwu ćwiczeń i zestawów każdy będzie mógł wybrać dla siebie najbardziej odpowiedni dla wieku, wagi ciała, stanu zdrowia.

UZDRAWIAJĄCY CHÓD

Chód bardzo słusznie nazywa się królową ćwiczeń fizycznych. W żadnych innych ćwiczeniach nie osiąga się takiej harmonii pracy mięśni i krwi. Chód wcale nie wymaga specjalnego ubioru, sprzętu, można go uprawiać w dowolnym czasie, w każdą pogodę. Codzienny spacer, chociaż 1 - 3 kilometry, to wspaniały stymulator mięśnia sercowego i układu krwionośnego. Najlepiej odbywać spacery po lesie lub parku. Jeśli nie ma takiej możliwości, to chodzić po korytarzu lub balkonie. Podczas spaceru należy chodzić lekko, swobodnie, starać się nie myśleć o problemach i pracy, należy myśleć tylko o tym, że z każdym krokiem krew, przepływając przez naczynia, oczyszcza i odżywia ciało, z każdym krokiem ciało napełnia się zdrowiem, mózg się oczyszcza i wypełnia pozytywnymi myślami. W miarę robienia każdego kroku proszę powtarzać sobie pozytywne słowa – stereotypy: „Zdrowie. Siła. Młodość. Piękno. Energia".

Podczas zajęć uzdrawiającego chodzenia jest ważne, żeby obciążenie nie spowodowało zmęczenia. Po takim chodzeniu powinno się odczuwać lekkość i rześkość. Obciążenie w czasie zajęć uzdrawiającego chodzenia należy zwiększać stopniowo.

Obciążenia przy uzdrawiającym chodzeniu dla osób ze znacznymi zaburzeniami stanu zdrowia:

Przez 1-3 miesiące odbywać spacery wolnym krokiem, po 20-30 minut 2 razy dziennie. Od 3 do 6 miesięcy od 1 do 3 kilometrów szybkim krokiem, i od 6 do 12 miesięcy od 4 do 10 km codziennie.

UZDRAWIAJĄCY BIEG

Starożytni Spartańczycy mówili: „Jeśli chcesz być silny – biegaj, chcesz być zdrowy – biegaj, chcesz być mądry – biegaj".

Uzdrawiający bieg wzmacnia ścianki naczyń krwionośnych, zmniejsza (spala) cholesterol, normalizuje przemianę materii, ciśnienie, poprawia pracę układu żołądkowo-jelitowego, wzmacnia kręgosłup, mięśnie, stawy. Bieg to jeden z najlepszych sposobów podwyższenia odporności organizmu na różne infekcje, wspaniały czynnik pozwalający osiągnąć młodość i zdrowie. Wszystkie te cenne zalety biegu kilka lat temu zapewniły mu ogromną popularność. Jednak pojawienie się w prasie materiałów, że uprawianie biegu może spowodować różne choroby serca, u większości zrodziło wątpliwości co do pożyteczności biegu. Chodzi o to, że wiele osób, które zaczęły uprawiać bieg, nie uwzględniło możliwości i specyfiki swojego organizmu, a tym samym naruszyło główną zasadę – *zasadę stopniowego zwiększania obciążenia.* Wielu zaczęło biegać nie po to, by zyskać zdrowie, a po to, by szybko zrzucić zbędne kilogramy. Niewytrenowany, zanieczyszczony organizm otrzymał zbyt dużą dawkę obciążenia i nie wytrzymał...

Człowiek powinien się starać wyrobić nawyk umiarkowania. To znaczy, że powinien przestrzegać umiarkowania we wszystkim: jedzeniu, piciu, obciążeniach fizycznych (wysiłku fizycznym) itd.

Jakich zasad należy przestrzegać uprawiając bieg, żeby zyskać rześkość, młodość i zdrowie?

1. Dopasujcie odpowiednie obuwie ze zgrubieniem pod piętą i nie bardzo ciasne, ale też nie za luźne.
2. Lepiej jest biegać po ziemi lub trawie (amortyzują bodźce). To wzmacnia mięśnie i stawy.
3. Biegając po asfalcie uszkadzają sobie Państwo stawy, co z czasem może doprowadzić do zapalenia stawów.
4. Jeśli wcześniej nie trenowaliście, przebiegnijcie najpierw 30 - 60 metrów, łączcie bieg z chodem.
5. Biegnijcie lekko, swobodnie, maksymalnie rozluźniając mięśnie i maksymalnie skracając krok; ważny jest nie sam efekt biegu, a ten drobny skok, chwila wysiłku dla wszystkich mięśni.

   W odróżnieniu od ćwiczeń fizycznych, podczas biegu odbywa się uderzenie na piętę, w wyniku czego kontruderzenie przemieszcza w górę strumień krwi w naczyniach. Taki masaż wspaniale wzmacnia ścianki naczyń i zapobiega odkładaniu się w naczyniach cholesterolu, a w stawach soli.
6. Żeby lepiej się spocić, a przez to oczyścić organizm, należy biegać w ubraniu.
7. Po biegu należy poleżeć przez połowę czasu, który został| spożytkowany na bieg. Nogi należy ułożyć powyżej poziomu serca Właśnie takie ułożenie ciała pomaga zapobiec zawałowi serca. Chodzi o to, że 70% krwi znajduje się poniżej poziomu serca i nie jest łatwo sercu pompować ją do góry. Zwłaszcza podczas biegu krwiobieg zwiększa się i dlatego po biegu należy dać sercu wypocząć.
8. Biegać wieczorem należy w 2 - 3 godziny po jedzeniu.
9. Bieg zawsze powinien przynosić radość, a nie zamieniać się w ciężką, monotonną pracę.

10. Starajcie się biegać w samotności. Stan zdrowia i przygotowanie fizyczne są u każdego człowieka różne, indywidualne. To wpływa na szybkość i tempo biegu. W grupie rozpoczynający mimo woli zwiększa tempo, co może źle wpłynąć na jego zdrowie.
11. Biegajcie co drugi dzień – to daje maksymalny uzdrawiający efekt w organizmie.

CHODZENIE BOSO

W odróżnieniu od wszystkich ssaków żyjących na ziemi, tylko człowiek chodzi na dwóch nogach, i to nie jest przypadek, ponieważ człowiek przedstawia sobą „baterię", której bieguny są przeciwne, ale posiadają ładunek: górna część ciała i głowa posiadają ładunek dodatni, a dolna części nogi – ładunek ujemny. Z kosmosu otrzymujemy energię dodatnią, a z ziemi – ujemną. Im większa jest wymiana energii, tym odporniejszy i zdrowszy jest nasz organizm. Człowiek może otrzymywać energię z kosmosu za pośrednictwem prawidłowego oddychania, hartujących zabiegów wodno-powietrznych i pożywienia roślinnego, dlatego powinien dążyć do maksymalnego kontaktu ciała z wodą i powietrzem. Energię z ziemi można uzyskiwać głównie przez gołe stopy. Hipokrates już cztery wieki temu napisał „Najlepsze obuwie to brak obuwia".

W różnych naukowych laboratoriach na całym świecie badano procesy, zachodzące w organizmie człowieka pod wpływem chodzenia boso. Jak obliczyli specjaliści, na stopach znajduje się 72 tysiące zakończeń nerwowych i dlatego chodzenie boso jest naturalnym masażem stóp, który – jak teraz powszechnie wiadomo – korzystnie wpływa na pracę organów wewnętrznych. Z chwilą pojawienia się obuwia zmniejszył się kontakt organizmu ludzkiego z ładunkami elektrycznymi ziemi. Właśnie to stanowi jedną z przyczyn tak rozpowszechnionych chorób, jak bóle głowy, rozdrażnienie, nerwice, choroby wieńcowe, predyspozycje do szybkiego męczenia się i wielu innych.

Często widzi się na ulicach żebrzące małe dzieci rumuńskie, lekko ubrane, przeważnie boso w deszcz i mróz. Taka choroba jak grypa lub przeziębienie nie dotknie ich nawet wtedy, kiedy wokół panuje epidemia.

Nasi pradziadowie i dziadowie nie nosili modnych i pięknych butów na sztucznej podeszwie, znaczną część swojego życia chodzili boso i dzięki temu byli bardziej wytrzymali i zdrowsi niż my.

Niestety, nam cywilizacja stworzyła inne warunki życia, choć nawet w warunkach tej cywilizacji można znaleźć 1-2 minuty, żeby naszym stopom zapewnić strumień chłodnej lub zimnej wody.

Jeśli będziemy codziennie podstawiać stopy pod strumień zimnej wody na przemian na 10-15 s to grypa, przeziębienie i wiele innych chorób nie będzie nam zagrażać.

Przez kontakt gołych stóp z ziemią organizm pobiera zdrowotną energię. *Chodzenie boso po ziemi, po porannej rosie, morskim piachu, śniegu, bardzo mocno ładuje „akumulator" naszego życia.*

Chodzenie boso daje nie tylko wspaniały efekt hartujący i ogólnie wzmacniający, ale również jest to cudowna profilaktyka przeciw bólom w plecach, krzyżu, ramionach i mięśniach nóg, powstających przez to, że wiele kobiet (szczególnie niskiego wzrostu) lubi nosić obuwie na wysokim obcasie i z wąskim czubkiem (noskiem). Takie obuwie gwałtownie hamuje krwiobieg w nogach, naraża mięśnie golenia i stopy na silne napięcie i szybkie męczenie się (wysoki obcas zmniejsza powierzchnię podeszwy o 30-40%) i ogranicza ruch w stawach stopy. Figura człowieka na obcasach wygląda następująco: kolana zgięte, miednica trochę cofnięta, a korpus ciała pochylony do przodu. W wyniku tego przednia grupa mięśni ciała rozciąga się, a tylna ściąga. W ten sposób czyni się gwałt na układzie mięśniowym całego ciała. Nie mam nic przeciwko eleganckiemu obuwiu, ale żeby zrekompensować jego zły wpływ na zdrowie, polecam kilka profilaktycznych ćwiczeń, które pomogą amatorkom chodzenia na wysokich obcasach pozbyć się bólu i ociężałości w mięśniach nóg i całego ciała. Te ćwiczenia są również korzystne dla tych, którzy znaczną część czasu spędzają na nogach, a także dla cierpiących na bóle w mięśniach nóg.

1. Proszę wziąć okrągłą drewnianą belkę o średnicy 5-7 cm, pociąć ją tak, by jej powierzchnia była chropowata, szorstka, nierówna i kiedy tylko jest czas wolny (np. podczas oglądania telewizji), turlajcie ją stopami.
2. Proszę wziąć dwie miski: w jednej zimna, w drugiej gorąca woda. Nogi proszę trzymać w każdej z misek po 30 sekund na przemian, najpierw w zimnej, potem w gorącej wodzie, kończąc na zimnej. Później należy wytrzeć nogi i pomasować stopy i mięśnie łydek. Taki zabieg sprzyja usuwaniu zmęczenia, stymuluje naczynia krwionośne, jest wspaniałą profilaktyką przeciw żylakom.
3. Siedząc na krześle od czasu do czasu należy wznosić palce stóp do siebie, wykonując obroty stopami w różnych kierunkach. Pięty w tym czasie powinny, być przywarte do podłogi.

UWAGA!

Ci, którzy łatwo i często się przeziębiają, najpierw powinni zacząć chodzić boso lub w skarpetkach rano i wieczorem po mieszkaniu od 15 do 30 minut. Codziennie należy zwiększać czas o 10 minut, dopóki nie dojdzie się do 1 godziny.

Po miesiącu można zacząć chodzić po ziemi (sad, park, działka). Z chwilą pojawienia się jesiennych przymrozków i mroźnych dni, chodzić po szronie (30-60 s), a potem po śniegu 1-2 minuty. Po każdym takim hartującym spacerze wytrzeć dokładnie stopy do sucha.

Niezależnie od tego, ile macie lat, zacznijcie chodzić boso, a wtedy każdy dzień będzie wypełniony zdrowiem i radością.

ODDECH JAK ŻYCIE

II zasada zdrowia
ODDYCHANIE

ODDECH JAK ŻYCIE

II zasada zdrowia

ODDYCHANIE

Nasze życie to nieustanna przemiana energii. Organizm zużywa ją na ciepło, myśli, uczucia, ruch, walkę z chorobami, budowę nowych komórek itd. A więc na wszystko to, co nazywamy prostym słowem – życie.

Wiemy, że w ciągu całego życia człowiek może zużyć około 50 milionów kalorii. Wniosek z tego prosty. *Im bardziej prawidłowo zużywamy energię na procesy życiowe, tym dłużej będziemy żyć.*

Większość z nas myśli, że głównym źródłem energii dla organizmu człowieka są produkty żywnościowe. Natura, jak się jednak okazuje, rozporządziła inaczej.

Najłatwiej będzie to zilustrować prostym przykładem. Bez wyżywienia człowiek może żyć kilka tygodni, bez wody kilka dni, ale już bez powietrza zaledwie kilka minut.

I dlatego prawidłowe oddychanie jest najlepszą drogą do zdrowia i, co ciekawe, może nas do niego zaprowadzić najszybciej.

Sens właściwego oddychania polega na tym, że człowiek może pobierać ogromne zapasy naturalnej energii życiowej, która znajduje się w powietrzu, i gromadzić ją w sobie. (Właśnie dlatego system oddychania jogów znajduje się na najwyższym stopniu „drabiny zdrowia").

Znaczenie gimnastyki oddechowej polega na tym, że zmieniając zwyczajowy sposób oddychania, gromadzimy w organizmie dwutlenek węgla (CO_2), który jest niezbędny do wszystkich reakcji wymiany komórkowej. Chodzi o to, że tlen jest dla nas nieodzowny do procesów utleniania, dlatego należy oddychać czystym, świeżym powietrzem. Wszystkie pozostałe reakcje chemiczne, zachodzące w organizmie, są od koncentracji CO_2. Często po 3 - 5 godzinach spaceru po lesie, gdzie powietrze jest wyjątkowo nasycone tlenem (zwłaszcza gdy się oddycha głęboko), wracamy do domu „rozbici", zmęczeni, z „ciężką głową", a często również z bólem głowy. Wszystko to dlatego, że w organizmie zmniejszyła się koncentracja CO_2.

Jeśli więc oddychamy powoli, a jeszcze dodatkowo zatrzymujemy oddech, to we krwi poprawia się wymiana gazowa i gromadzi się niezbędny do procesów wymiany komórkowej dwutlenek węgla. Właśnie na tym polega sekret zdrowia i długich lat życia.

ODDYCHANIE I STARZENIE SIĘ

Prawidłowo oddychając człowiek zatrzymuje procesy starzenia swojego organizmu. Ludzie długowieczni, z różnych stron świata, tłumaczą swoją długowieczność dobrą kondycją fizyczną, a przede wszystkim stosowaniem systemu „głębokiego oczyszczającego oddechu". Tajemnicę tego systemu zna niewiele osób.

Kiedyś, podczas spotkania z tybetańskim mnichem, zapytałem go o system „głębokiego oczyszczającego oddychania". Powiedział mi jedynie: „Chcesz żyć długo – oddychaj głęboko i rzadko".

Naukowo stwierdzono, że racjonalnie odżywiając się, możemy przedłużyć nasze życie o 10 – 20 lat, natomiast prawidłowo oddychając, o 30 – 40 lat. W Chinach np. nowotwory są znacznie rzadsze niż w innych rejonach świata. Chińczycy przeważnie są bardzo sprawni fizycznie, nawet w podeszłym wieku.

Dużą rolę w zapewnieniu dobrej kondycji fizycznej odgrywają codzienne, kilkugodzinne ćwiczenia oddechowe. Natomiast większość Europejczyków, zamiast zdrowych oddechowych ćwiczeń, stosuje inne "ćwiczenie", a mianowicie zaciąganie się trującym organizm papierosem.

ODDYCHANIE I PALENIE

U osób palących komórki stale odczuwają tlenowy głód, co powoduje przeobrażenie ich w beztlenowe, a pojawienie się komórek beztlenowych w organizmie to „otwarta brama dla wielu chorób".

Dziesięć wypalonych papierosów dziennie w ciągu dwóch lat wytwarza w organizmie palacza 2 kg toksycznej smoły. Po dziesięciu latach palenia ilość smoły zwiększa się do 4 kg. Ten, kto pali ponad 20 lat, ma w swoim organizmie ponad 6 kg „trującego brudu". I cały ten brud organizm powinien gdzieś rozmieścić. Wszystkie choroby układu krążenia, układu pokarmowego, nabrzmiałe żyły u kobiet, bóle w nogach u mężczyzn i wiele innych dolegliwości stanowi zapłatę za chwilę przyjemności z wypalonego papierosa.

Nieraz pomagałem ludziom, którzy chcieli rzucić palenie, przy czym stosowałem różne metody: hipnozę, kodowanie, bioterapię, a czasami po prostu rozmowę.

Po doświadczeniach w swojej pracy chciałbym poradzić: nie szukać pomocy u innych, spróbujmy pomóc sobie sami, pamiętając o tym, że nikt nie będzie dbał o nasze zdrowie tak jak my. Jeśli nasza psychika dojrzała, żeby rzucić palenie, a nie jesteśmy w stanie tego zrobić, nie mając silnej woli, to proponuję kilka pożytecznych rad, mogących pomóc w rzuceniu palenia.

Jak rzucić palenie? (Te rady przeznaczone są głównie dla osób o słabej woli, chcących powoli rzucić palenie.)

1. Kupować papierosy tylko po jednej paczce.
2. Biorąc jednego papierosa, natychmiast schować paczkę.
3. Palić papierosy tylko z filtrem.
4. Co drugi dzień zmieniać gatunek papierosów.
5. Nie trzymać papierosów w miejscu pracy na biurku.
6. Nie palić papierosów, którymi częstują.
7. Nie nosić ze sobą zapałek ani zapalniczki.
8. Po wypaleniu papierosa należy sprzątnąć popielniczkę.
9. Po pierwszym zaciągnięciu się papierosem należy go zgasić.
10. Pierwszego papierosa zapalić po śniadaniu.
11. Nie kupować papierosów kartonami.
12. Dopóki nie skończy się paczka papierosów, nie kupować następnej.
13. Nie palić po jedzeniu przez 15 - 20 minut.
14. Nie palić w domu.
15. Nie palić podczas jedzenia.
16. Nie palić na łonie natury.
17. Nie palić w święta.
18. Nie palić, kiedy palą inni.
19. Przed zapaleniem papierosa należy zrobić trzy głębokie wdechy.
20. Nie palić więcej niż jednego papierosa w ciągu godziny.
21. Kupując paczkę papierosów, zapisać jej cenę, pod koniec tygodnia i miesiąca policzyć, ile możemy zaoszczędzić.
22. W zamian za palenie papierosa lepiej wykonać kilka łatwych ćwiczeń.
23. Należy nauczyć się palić bez zaciągania.
24. Na kartce wypisać przyczyny, z powodu których chcemy rzucić palenie, i czytać tę kartkę codziennie przed snem.
25. Każdego dnia należy palić o jednego papierosa mniej.

Te rady są przeznaczone głównie dla osób o słabej woli, które chcą powoli rzucić palenie.

PRAWIDŁOWE ODDYCHANIE POMOŻE ZRZUCIĆ NADWAGĘ

Tym, którzy mają nadwagę, chcę powiedzieć, że stosowanie odpowiedniego sposobu oddychania pomoże pozbyć się zbędnych kilogramów, nie zmieniając jednocześnie sposobu odżywiania, do którego jesteśmy przyzwyczajeni.

Procesy oddychania i trawienia są ściśle ze sobą powiązane. Wiele osób niepotrzebnie męczy się różnymi dietami odchudzającymi i, co gorsza, chemicznymi preparatami oraz lekami. Rezultaty są jednak tylko czasowe. Przestajemy stosować dietę lub używać leków, a nadwaga wraca. Takie „eksperymenty" z własnym organizmem niszczą wątrobę, serce i nerki.

Tym, którzy chcą zrzucić kilka kilogramów, mogę poradzić, aby w ciągu dnia kilka razy zatrzymywali oddech na 30 sekund. Dzięki temu możemy schudnąć w ciągu 2 miesięcy od 2 do 4 kg.

Oddychając, człowiek zaopatruje swój organizm w tlen. Im więcej tlenu zatrzymuje się w komórkach naszego ciała, tym mniej energii tracimy na wszystkie fizjologiczne czynności w organizmie.

Oddychając tylko przez płuca nie jesteśmy w stanie uzupełnić braku tlenu. Należy starać się, w miarę możliwości, zwiększać maksymalnie kontakt świeżego powietrza ze skórą:

1. Chodzić w mieszkaniu rozebranym do majtek.
2. Wietrzyć mieszkanie kilka razy dziennie.
3. Przed snem chodzić na spacer.
4. Więcej wolnego czasu spędzać w ruchu i na świeżym powietrzu.

ODDYCHANIE DLA ZDROWIA

Czy zastanawialiśmy się, że w wielu różnych sytuacjach życiowych sposób naszego oddychania zmienia się? Kiedy człowiek denerwuje się, oddycha głęboko i często. Naukowo udowodniono, że ludzie, którzy oddychają często i głęboko, żyją krócej. Natomiast kiedy człowiek się śmieje, wypuszcza powietrze małymi wydechami i wtedy czuje się zdecydowanie lepiej.

Podczas śpiewania wykonujemy wdech i długo, powoli wypuszczamy powietrze. W tym czasie odczuwamy wewnętrzny spokój i odprężenie.

Wielki joga Ramaczaraka (który jako pierwszy wyjawił sekrety nauki o oddychaniu i przekazał je ludziom z Europy) podkreślał, że gimnastyka oddechowa czyni każdego człowieka całkowicie wolnym od niebezpieczeństwa zachorowania na jakiekolwiek schorzenie organów oddechowych, pozbawia kataru i przeziębień, poprawia funkcjonowanie układu pokarmowego i nerwowego.

Oto dlaczego, nawet jeśli są Państwo „powaleni" chorobą, ale możecie oddychać, macie szansę nasycać swój organizm energią, a poprzez prawidłowe oddychanie zwalczyć swoją chorobę.

Wydawałoby się, że nikogo nie trzeba uczyć, jak należy oddychać, u każdego odbywa się to nieświadomie i naturalnie. W tym rzecz jednak, że brak stałego fizycznego obciążenia, częste przebywanie w pomieszczeniach, nadwaga i skrzywienie kręgosłupa „oduczyły" człowieka oddychania zgodnie ze wzorem, danym przez naturę. Oddychamy więc tak, jak możemy, a nie jak powinniśmy. Właściwie oddychają tylko małe dzieci w wieku od 3 do 5 lat.

Jaki sposób oddychania jest właściwy, jaki dała nam natura? Ten rodzaj oddychania nazywa się oddychaniem pełnym. Od poznania tego oddychania należy rozpoczynać gimnastykę oddechową.

Pełne oddychanie. Ćwiczenia można wykonywać na stojąco, na siedząco lub w pozycji leżącej. Mięśnie ciała powinny być rozluźnione, oczy lepiej zamknąć. Spokojnie wciągnąć powietrze przez nos, przy tym starać się wypełnić powietrzem dolną część płuc, przednia ścianka brzucha powinna pójść do przodu. Następie wypełnić środkową część płuc, wypinając do przodu dolne żebra i piersi (klatkę piersiową), a następnie wypełniamy górną część płuc, unosząc pierś razem z górnymi żebrami, lekko rozciągając ramiona.

Teraz połączymy te trzy etapy w jeden powolny i ciągły wdech, podczas którego cała klatka piersiowa od góry do dołu się rozszerza i wypełnia powietrzem. Powietrze należy wydychać nosem wolno, utrzymując pierś w napięciu, w miarę jak powietrze wychodzi należy stopniowo wciągać brzuch.

Jeśli przyswojenie pełnego cyklu oddychania będzie sprawiać trudności, to proszę zaobserwować, jak oddycha małe dziecko i spróbować dokładnie „skopiować"sposób jego oddychania.

Kiedy przyswoją sobie Państwo typ pełnego oddychania, można przejść do specyficznych rytmów oddechowych, które są związane z częściowym wstrzymaniem oddechu.

Świadome wstrzymanie oddechu zwiększa harmoniczne rozprowadzenie energii po całym ciele, poprawia pracę gruczołów wydzielania dokrewnego, wzmaga rytm serca, sprzyja lepszemu nasyceniu krwi tlenem, a więc przyspiesza procesy utleniania. Dlatego też, gdy zaczną Państwo zajmować się ćwiczeniami oddechowymi, nie zdziwcie się, że ciężar waszego ciała zacznie spadać (maleć). Proszę się postarać chociaż przez 10 - 15 minut codziennie oddychać sposobem pełnego oddychania. Te minuty ćwiczeń przedłużą o lata wasze życie.

Oddychanie zdrowotne. Najlepiej te ćwiczenia wykonywać w pozycji leżącej, ale można również w siedzącej lub stojącej.

Wdech przez nos przez 2 sekundy, następnie wstrzymać oddech na 8 sekund, po czym wypuszczać powietrze przez 4 sekundy nosem. Wzór oddechowy pełnego cyklu oddychania zdrowotnego: 1:4:2, gdzie 1 wdech, 4 pauza lub wstrzymanie oddechu, 2 – wydech.

Pamiętajcie! W oddychaniu zdrowotnym wdech jest dwa razy krótszy niż wydech, a pauza 4 razy dłuższa niż wdech. Czas wykonywania ćwiczeń: 2 minuty rano i wieczorem.

Oddychanie oczyszczające. Ten rodzaj oddychania oczyszcza płuca, stymuluje ośrodki oddechowe, odmładza i regeneruje komórki organizmu.

Wdech przez nos jak przy oddychaniu pełnym przez 2 sekundy, następnie wstrzymanie 3 sekundy, po czym wyciągnąć wargi do przodu i wypuszczać powietrze ustami cienką „strużką" przez 12 sekund. Jeśli powietrze jeszcze zostało, to należy je energicznie wypuścić. Czas wykonywania ćwiczeń: 2 minuty rano i wieczorem.

Oddychanie słoneczno-księżycowe. Nasz cykl dobowy oddychania jest uzależniony od wpływu Słońca, Księżyca i gwiazd. Współczesne badania wykazały, że istnieje określony rytmiczny system oddychania przez lewy i prawy otwór nosowy, który się z dnia na dzień zmienia u każdego człowieka.

Widocznie centralny układ nerwowy kieruje naszym oddychaniem przez otwory nosowe, ponieważ potoki powietrza, przechodzące przez prawy otwór nosowy, oddziałują na procesy pobudzające, a przez lewy otwór nosowy – na procesy hamujące.

Przykładowo, jeśli Państwa lewy otwór nosowy z jakichś przyczyn jest zatkany i oddychacie tylko przez prawy otwór, to jesteście ciągle w stanie napięcia nerwowego, cierpicie na bezsenność. Jeśli jest zatkany prawy otwór, a oddychanie odbywa się przez lewy otwór nosowy, to wasz organizm znajduje się w stanie ciągłego zmęczenia.

Właściwe oddychanie przez nos jest niezbędne do życia dla każdego człowieka. Jogowie twierdzą: „Oddychać przez usta to biec ku śmierci".

Jest naukowo dowiedzione, że podczas oddychania nosem do 80% pochłoniętych podczas wdechu kurzu i bakterii chorobotwórczych jest zatrzymywanych i neutralizowanych przez system błony śluzowej jamy nosowej. Gdy oddychamy ustami, powietrze dostaje się do przełyku, krtani, tchawicy i oskrzeli. Oddychanie przez usta u dzieci prowadzi do zahamowania u nich wzrostu tarczycy, zatrzymania ogólnego rozwoju organizmu, narusza funkcjonowanie układu pokarmowego, staje się przyczyną ciągłych angin, przeziębień, grypy. Różnego rodzaju gronkowce i paciorkowce to też rezultat oddychania przez jamę ustną.

U dorosłych oddychanie ustami prowadzi do wczesnego starzenia się organizmu, miażdżycy, chorób serca, astmy. Dlatego też, oprócz oddychania przez nos, należy nauczyć się regulować oddech podczas rozmów, tzn. Wypowiadać słowa tylko na wydechu, a nie na wdechu, by jak najmniej powietrza wchodziło przez usta. Z tej też przyczyny podczas jedzenia należy nauczyć się nie rozmawiać. Jeść powoli, spokojnie, nie spiesząc się, w skupieniu dokładnie przeżuwać pokarm, starać się jak najmniej wdychać powietrza ustami.

Technika oddychania słoneczno -księżycowego jest następująca: kciukiem prawej ręki zakryć prawy otwór nosowy, wciągać powietrze przez lewą dziurkę przez 2 sekundy, następnie pauza przez 2 sekundy, wydech przez 4 sekundy. Potem kciukiem lewej ręki zatkać lewy otwór nosowy i wykonać podobny cykl oddechowy.

Ćwiczenie należy powtarzać na przemian 10-12 razy dla każdego otworu nosowego. Proponowany cykl oddychania uspokaja system nerwowy, poprawia ogólne samopoczucie, likwiduje zmęczenie, pomaga, gdy mamy katar, cierpimy na reumatyzm, bóle głowy.

Wietnamski typ oddychania. Powoli wciągnąć powietrze (nosem, przy czym maksymalnie wypiąć brzuch jak balonik), następnie pauza 1 - 2 sekundy i powolny wydech, starając się maksymalnie wciągnąć brzuch, po czym pauza 1 - 2 sekundy.

Wzór oddechowy (w przybliżeniu) wygląda następująco: wdech – 2 s, pauza 2 s, wydech – 4 s , pauza 2 s.

W ciągu pierwszego tygodnia wykonywać 10 powtórzeń, drugiego 15 powtórzeń, trzeciego 20 powtórzeń. Po miesiącu wykonywać codziennie od 30 do 60 powtórzeń, w zależności od samopoczucia.

Ten sposób oddychania jest wspaniałym masażem układu pokarmowego, jelit, jelita grubego, wątroby, trzustki.

Wnioski. Oddychanie to podstawa życia. Nasze życie rozpoczyna się od krzyku, to znaczy od pierwszego wdechu, a kończy się ostatnim wydechem. Między narodzinami i śmiercią ciągnie się życie, które całkowicie zależy od oddychania. Od umiejętności prawidłowego oddychania zależy, jak przeżyją Państwo całe swoje życie – nie chorując czy nieustannie walcząc z chorobami.

Wschodni mędrcy lubią mawiać: „Im dłuższy jest wydech, tym dłuższe jest życie". We wszystkich proponowanych typach oddychania wydech jest zawsze dłuższy od wdechu. Gimnastykę oddechową należy robić 2 razy dziennie, rano przed jedzeniem i nie mniej niż trzy godziny po spożyciu ostatniego posiłku wieczorem. Ćwiczenia należy wykonywać na świeżym powietrzu lub w dobrze przewietrzonym pomieszczeniu.

W każdej sytuacji życiowej zawsze niech się Państwo starają oddychać przez nos.

WODA: TRUCIZNA LUB LEKARSTWO

III zasada zdrowia
WODA

WODA: TRUCIZNA LUB LEKARSTWO

III zasada zdrowia

WODA

Każdy chce wyglądać młodo i się nie starzeć. W tym celu nieustannie szuka cudownych recept młodości, stosując różne diety, drogie kosmetyki, kremy itp. Ale wszystko to jest tylko walką ze skutkami naszego starzenia się. Starzenie się organizmu zaczyna się w nas. Jedną z istotniejszych przyczyn starzenia się jest woda, którą pijemy, na której przyrządzamy posiłki.

Komórki naszego ciała, nasza krew, nasz mózg w 70% składają się i wody. Stan naszych stawów, naczyń krwionośnych, obecność kamieni w wątrobie i nerkach, koloryt twarzy (cera) – wszystko to jest uzależnione od jakości wody. Kiedy pijemy dużo słodkich napojów, herbaty, kawy, piwa, wody mineralnej, to zawsze powinniśmy pamiętać, że nasz organizm nie jest ogniskiem, do którego można wrzucić cokolwiek i wszystko się spali.

Przez nieznajomość podstawowych zasad funkcjonowania naszego organizmu bezpowrotnie „płoną" lata naszego życia. Dlatego też nie doceniać znaczenia wody, którą spożywamy, to znaczy świadomie skracać sobie życie i rujnować zdrowie.

WODA WEWNĄTRZ NAS

W naturze istnieje 135 rodzajów wody. W komórkach naszego organizmu woda znajduje się pod specjalną postacią, którą nazywamy „strukturowaną". Każdy płyn, który dostaje się do naszego organizmu, musi być przetworzony i oczyszczony. Podczas tego procesu organizm traci znaczną ilość energii. *Musimy zawsze pamiętać, że nasze zdrowie zależy od tego, ile energii organizm zużywa na obsługiwanie samego siebie. Im więcej energii tracimy na przetworzenie niepotrzebnej naszemu organizmowi wody, tym mniej energii pozostaje na regenerację komórek i walkę z chorobami.*

WODA, KTÓRĄ PIJEMY

Woda, którą pijemy, zawiera w dużych ilościach nierozpuszczalne w naszym organizmie sole wapnia i żelaza. Łatwo się można o tym przekonać, gdy popatrzymy na osad w czajniku, w którym gotujemy wodę. *Wszystkie szkodliwe substancje, które znajdują się w wodzie, przypalone resztki pokarmowe (z mięsa, z zup itp.) dostają się razem z wodą do organizmu, co ułatwia tworzenie się w naszym organizmie szkodliwych złogów, niezwykle trudnych do pozbycia się.*

Wodę się chloruje. Chlor to gaz trujący, który gromadząc się w organizmie powoli go zatruwa. Chloru nie da się zlikwidować poprzez gotowanie. Dlatego, by przyrządzić herbatę lub kawę, należy użyć przegotowanej wody, która wcześniej postała minimum 2 - 3 godziny (żeby trujący chlor się ulotnił).

W zwykłej wodzie wodociągowej znajdują się domieszki promieniotwórcze. Te domieszki również nie są eliminowane przez gotowanie. Kiedy gotujemy wodę, niszczymy wiele szkodliwych substancji, ale razem z nimi aktywny tlen, którego tak bardzo potrzebuje nasz organizm. *Podczas gotowania woda staje się „martwa", ponieważ zmienia swoją naturalną strukturę. Jest pozbawiona tej cennej informacji, którą posiada z wnętrza ziemi. Dlatego też ciągłe stosowanie wody gotowanej również nie jest korzystne dla organizmu.*

WODA MINERALNA

W ostatnim czasie wiele osób ciągle pije i przygotowuje posiłki na wodzie mineralnej. W składzie wody mineralnej spotyka się jednak takie sole i domieszki, których organizm ludzki nie jest w stanie przyswoić. Niektóre z tych soli w ogóle nie są wydalane z organizmu. Mogą się gromadzić w mięśniach i stawach, powodując ich deformację. *Wodę mineralną można pić jakiś określony czas, na przykład 2-4 tygodnie, po czym należy koniecznie zrobić przerwę 3-4 miesiące. Szczególnie niewskazane jest ciągłe picie wody mineralnej przez dzieci, ponieważ szkody z tego będzie znacznie więcej niż korzyści. A więc jaką wodę powinniśmy pić?*

STRUKTUROWANA WODA NAJKORZYSTNIEJSZA DLA ZDROWIA

Najkorzystniejsza dla człowieka jest woda strukturowana. W przyrodzie spotyka się taką wodę w warzywach, owocach, sokach i roztopionym lodzie. Uczonych zainteresowało, dlaczego Jakuci, naród z północy Rosji, żyją średnio ponad 100 lat. Jak się okazuje, nie posiadają wodociągów ani studni, spożywają niewiele warzyw i owoców, w ogóle bardzo skromnie się odżywiają, a właściwie wcale nie chorują. Rozwiązanie zagadki okazało się bardzo proste – przez wieki Jakuci korzystali z wody, tnąc lód na płyty. Co zostało stopione przez słońce, to pili.

WODA Z LODU

Każdy z nas wie, że starość rozpoczyna się od zmarszczek. A zmarszczki pojawiają się wtedy, gdy komórki naszego organizmu zaczynają wysychać. *Jedną z podstawowych przyczyn starzenia się jest utrata przez organizm zdolności przyswajania i przetwarzania spożywanej wody.*

U osoby dorosłej proces rozrastania się kości już się zakończył. Dostarczone organizmowi z pożywieniem i wodą zbędne ilości soli wapnia zaczynają się odkładać w naczyniach krwionośnych i stawach. To prowadzi do zaburzeń krwiobiegu, chorób układu pokarmowego, pojawienia się kamieni w wątrobie, w nerkach i stopniowego stanu chorobowego całego organizmu.

Żeby powstrzymać proces starzenia się i zawsze młodo wyglądać, należy nauczyć się przygotowywać i spożywać wodę z roztopionego lodu.

PRZYGOTOWANIE „STRUKTUROWANEJ" WODY Z ROZTOPIONEGO LODU

Zwykłą wodę wodociągową nalać do garnuszka o dowolnej objętości, zagotować, przykryć pokrywką, ostudzić i wstawić do zamrażalnika o temperaturze minus 4°C na 2 -3 godziny. Jak woda zamarznie, przebić powstały lód, a wodę zlać. Otrzymana woda posiada właściwości „strukturowanej". Pod względem swojego składu jest dokładnie taka sama, jak woda znajdująca się w komórkach naszego organizmu.

Przygotowanie strukturowanej wody zimą jest prostsze. Wystarczy tylko postawić za oknem lub na balkonie naczynie z przegotowaną wodą, a następnie, gdy woda zamarznie, nie podgrzewając jej, dać wodzie się roztopić. Nawet jedna szklanka wody z roztopionego lodu, wypita na czczo codziennie, znacznie poprawi samopoczucie i wygląd zewnętrzny. *Szczególnie korzystnie (zdrowo) jest pić wodę z roztopionego lodu przez ludzi w podeszłym wieku, ponieważ wymywa ona z organizmu nie tylko złogi, ale również stare i martwe komórki, co stanowi wspaniałą profilaktykę wszelkich schorzeń nowotworowych.*

JAK PIĆ WODĘ?

Najlepiej pić wodę zaraz po przebudzeniu, ale najpierw trzeba wypłukać usta, a następnie wypić ½ - 1 szklankę wody.

Lepsza jest woda z roztopionego lodu. Wskazane jest pić ją małymi łyczkami.

Wiele osób ma nawyk popijania podczas spożywania pokarmów. Lepiej tego nie robić, ponieważ woda, dostając się do żołądka, rozpuszcza soki żołądkowe i powoduje zaburzenie procesów trawiennych. Nawyk popijania podczas jedzenia prowadzi do powstawania gazów, wzdęć i zaparć. Wszelkie płyny najlepiej jest przyjmować na 15 -20 minut przed jedzeniem i 1 godzinę po jedzeniu.

Jeśli po jedzeniu odczuwacie suchość w ustach, to trzeba kilka razy przepłukać usta. Jeśli suchość się utrzymuje, można wtedy zjeść jedno jabłko. Jabłka należy jeść razem ze skórką (przedtem powinny być oczywiście dokładnie umyte). Oprócz tego jabłko trzeba jeść razem z nasionkami oraz komorą nasienną i wypluwać tylko to, czego nie można przeżuć. W komorze nasiennej jabłka i w nasionkach znajduje się dużo jodu i innych cennych pierwiastków, które są niezbędne dla naszego organizmu. Jest naukowo dowiedzione, że w 6 nasionach jabłka znajduje się dobowa dawka jodu.

ILE PIĆ WODY?

Każdy człowiek potrzebuje wypić różną ilość wody. Uważa się, że w ciągu dnia można średnio wypić od 2 do 2,5 l różnych płynów. Pić jednak należy tylko wtedy, kiedy odczuwa się pragnienie i starać się jednorazowo nie pić dużo płynów.

CO JEST LEPSZE: HERBATA CZY KAWA?

I herbata, i kawa są korzystne dla zdrowia tylko wtedy, gdy je spożywamy racjonalnie: 1 - 2 szklanki dziennie. W takiej ilości te napoje mają korzystny wpływ na układ krążenia, odżywiają mięsień sercowy i mózg.

Ze wszystkich gatunków herbaty najbardziej korzystna jest zielona. W swoim składzie zawiera około 80 różnych, niezbędnych naszemu organizmowi, elementów.

Zielona herbata wzmacnia zęby, oczyszcza krew, oczyszcza pory naszej skóry. Jest to wspaniały środek profilaktyczny przeciwko kamieniom w wątrobie, nerkach i pęcherzu moczowym, posiada właściwości bakteriobójcze. Oprócz tego zaleca się dla zdrowia pić herbatę zaparzoną z liści czarnej porzeczki, maliny, pokrzywy, mięty.

Czarne gatunki herbaty są mniej korzystne dla zdrowia, ponieważ w ich składzie znajdują się substancje garbnikowe, które wysuszają układ pokarmowy.

Żeby zminimalizować szkodliwe działanie czarnej herbaty, podczas parzenia powinno się dodać jeden liść laurowy, w wyniku czego herbata nabiera delikatnego aromatu, a wszelkie szkodliwe substancje zanikają.

Podczas parzenia trzeba na jedną szklankę dodawać przynajmniej pół łyżeczki cukru, ponieważ cukier podwyższa walory herbaty i w małych ilościach (2 - 3 łyżeczki dziennie) nie jest szkodliwy dla zdrowia.

Najlepiej pić herbatę świeżo zaparzoną, działa wtedy krzepiąco. Jeśli zaparzona herbata postoi kilka godzin, tworzą się w niej szkodliwe substancje, które mają zgubny wpływ na nasze zdrowie.

Ludzie mają różne gusty i różne przyzwyczajenia. Niektórzy mogą pić herbatę i kawę bez cukru, inni przeciwnie, bez cukru pić nie mogą.

Biały rafinowany cukier to chyba najbardziej niebezpieczny produkt naszego wieku. Generalnie można stwierdzić, że rujnuje nasz organizm, ponieważ wypłukuje z niego wapń.

Istnieje recepta, która pozwala z cukru wroga zrobić przyjaciela. 75 dag cukru kryształu, 200 ml wody i 20 dag miodu należy wymieszać i odstawić na 8 dni. Trzy razy dziennie przemieszać całość łyżką drewnianą.

Szkodliwa dla organizmu sacharoza, która pochłania wapń, pod wpływem miodu i wody rozkłada się na glukozę i fruktozę, które są bardzo zdrowe.

NOWA HIPOTEZA O POCHODZENIU CHORÓB

Woda, jak wiadomo, różni się od wszystkich związków, występujących w naturze tym, że posiada zdolność przechowywania informacji, czyli posiada pamięć.

Komórki naszego ciała w 70 procentach składają się z wody. Jeśli są to komórki chorego narządu, to woda w tych komórkach przechowuje informacje o chorobie. Lekarstwa lub inne metody oddziaływania na jakiś czas zmieniają strukturę wody w komórkach, ale po cyklu leczenia woda znów usiłuje „przypomnieć sobie" informację o chorobie. By pozbyć się choroby, należy zmienić strukturę wody w organizmie. Jak to zrobić? Są dwa sposoby.

Pierwszy sposób: *Przez pięć miesięcy w roku stosować do picia i przygotowywania posiłków tylko wodę z roztopionego lodu.*

Drugi sposób: *Pić świeżo przygotowane soki warzywne lub mieszanki tych soków, do 0,5 l w ciągu dnia.*

Soki warzywne wypłukują stare, martwe komórki z naszego organizmu, sprzyjają rozpuszczaniu się nagromadzonych soli, rozpuszczają kamienie w wątrobie i nerkach, a także są ważnym środkiem, zapobiegającym różnym chorobom nowotworowym.

Pragnę przypomnieć, że podczas przyrządzania soków w zwykłej sokowirówce wszystkie szkodliwe substancje chemizacji pozostają w wytłokach. W soku jest tylko strukturowana woda, witaminy, mikroelementy oraz łatwo przyswajalne przez organizm sole mineralne.

Sok należy pić na 20 minut przed jedzeniem małymi łykami lub przez słomkę.

NAJLEPIEJ PIĆ TYLKO SOKI ŚWIEŻO PRZYRZĄDZONE

Obróbka chemiczna, konserwanty, podgrzewanie stosowane przy produkcji soku nie tylko niszczą znajdujące się w nim witaminy i mikroelementy, ale również częściowo zmieniają strukturę wody, a z nią również i naturalną biologiczną informację, zawartą w owocu lub warzywie. Wszystkie zdrowe składniki soków są zachowywane przez 4 godziny od chwili sporządzenia soku owocowego i w ciągu 10 godzin dla soku warzywnego. Dlatego też, nawet naturalny 100% sok, który kupujemy w kartonie, zawiera tylko 60% swojej wartości.

Ostatnio stało się modne dodawanie do soków syntetycznej witaminy C. Jedno, co ma wspólnego syntetyczna witamina C z naturalną, to tylko wzór chemiczny. Ostatnio w literaturze naukowej pojawiły się dane o szkodliwości syntetycznej witaminy C. Zawsze musimy pamiętać, że w szklance świeżo przyrządzonego soku, który wycisnęliśmy własnoręcznie, znajduje się bardzo wiele pierwiastków chemicznych, które są jeszcze nieznane nauce, ale które stworzyła najbardziej wyjątkowa apteka – sama natura!

Do większości soków jest dodawany biały cukier. Ogromna korzyść, wypływająca z soków świeżo przygotowanych, polega na tym, że zwiększają one środowisko zasadowe („uzasadawiają") organizmu, rozpuszczają śluz i wymywają nierozpuszczalne, szkodliwe dla zdrowia sole, przez co oczyszczają mięśnie, tkanki i krew. Cukier syntetyczny, dodawany do soków, odwrotnie –„ukwasawia" (zwiększa środowisko kwasowe) organizm i staje się źródłem fermentacji w jelitach. Właśnie dodawaniem cukru można objaśnić pojawienie się obfitych gazów i zgagi po wypiciu konserwowanych soków. To właśnie taki wypadek, „kiedy beczkę miodu można zepsuć łyżką dziegciu".

Specyficzny wpływ każdego soku jest związany z obecnością w nim określonych aktywnych fizjologicznie substancji, przechodzących z roślin. Soki są tak bogate w mikroelementy i substancje mineralne, że jest w nich zawarty prawie cały okresowy układ pierwiastków. Wszystkie witaminy i mikroelementy, a także sole mineralne, niezbędne każdemu człowiekowi do zdrowia znajdują się w sokach roślin. Po tygodniu regularnego spożywania surowych soków pojawia się naturalny rumieniec na policzkach, normalny sen, poprawia się funkcjonowanie układu żołądkowo-jelitowego. Soki należy przygotowywać ze świeżych, nie zepsutych warzyw lub owoców i możliwie od razu wypijać. Nawet krótkotrwałe przechowywanie soków w lodówce przyspiesza fermentację i psucie, chociaż smak ich może nie ulec zmianie (wyjątek stanowi sok z buraków). Oprócz wyżej wymienionych zalet soków, główną jest szybkie przyswajanie ich przez organizm. Już po 30 minutach po spożyciu soku jest on w 100 procentach przyswojony, podczas gdy do strawienia nawet potraw warzywnych potrzeba 1 godziny lub więcej. A więc spożywając soki w znacznym stopniu odciążamy organy trawienne i dajemy organizmowi możliwość przeprowadzenia „remontu", czyli oczyszczenia wszystkich układów i organów.

Zazwyczaj stosuje się trzy pory spożywania soków, w zależności od potrzeb:

1) codzienne profilaktyczne spożywanie do 0,5 l;
2) odciążające do 2-3 1 codziennie od 1 do 3 dni (nie więcej);
3) leczenie sokami od 0,5 do 11 codziennie w ciągu dwóch tygodni przy posiłkach.

Następnie należy na miesiąc przerwać kurację, a potem wznowić, aż do otrzymania pozytywnego rezultatu.

W celach profilaktycznych można spożywać dowolne świeżo przygotowane soki, przyjemne w smaku. Co się tyczy celów odciążającego i leczniczego, to najlepiej skorzystać z przepisów na koktajle warzywne (patrz: koktajle warzywne, str. 77).

SOKI ROŚLIN TO ŹRÓDŁO ZDROWIA

SOK Z BURAKÓW

Najkorzystniejszy do wytwarzania czerwonych ciałek krwi, wspaniale polepsza skład krwi, wstrzymuje następowanie menopauzy u kobiet, likwiduje choroby układu krążenia, układu pokarmowego, jelita grubego, rozpuszcza kamienie w wątrobie, nerkach i pęcherzu moczowym, szczególnie kiedy się go pije w połączeniu z sokiem z marchwi. Proporcja powinna być następująca: 4 części soku z marchwi i 1 część soku z buraków. Pić trzeba na dwa razy po 25 dag (1 szklanka).

Uwaga! Soku z buraków nie należy pić świeżo po przygotowaniu, ponieważ jest bardzo energetyczny. Należy go pić 2 - 3 godziny po przyrządzeniu.

SOK Z MARCHWI

Zawiera witaminy A, Bl, B2, B12, PP, K, E i inne. Polepsza strukturę zębów, włosów, paznokci, likwiduje wrzody żołądka i dwunastnicy, wzmacnia system odpornościowy, zwiększa odporność organizmu na infekcje i wzmaga walkę z nimi, jest wyjątkowo zdrowy dla oczu i gardła..

Często wiele schorzeń wątroby i układu pokarmowego jest spowodowanych brakiem niektórych pierwiastków, znajdujących się w świeżym soku z marchwi.

Różnego rodzaju alergie skóry, uczulenia, egzemy (wypryski), choroby układu limfatycznego zanikają po regularnym piciu soku z marchwi.

Wiadomo, że przyczyną różnych dolegliwości alergicznych jest nieprawidłowe funkcjonowanie wątroby. Przy spożywaniu soku z marchwi odbywa się oczyszczenie wątroby. W wyniku tego duże ilości substancji toksycznych, które znajdują się w organizmie, nie mogą być wydalone tylko poprzez wątrobę i dlatego też, co jest całkowicie naturalne, przechodzą do układu limfatycznego, żeby następnie zostać wydalone przez pory skóry.

Te rozpuszczone toksyny są koloru żółtego lub pomarańczowego i dlatego, jeśli w organizmie było dużo złogów, w wyniku picia soku z marchwi skóra może pożółknąć. To zjawisko jest całkowicie normalne, a kiedy wszystkie substancje trujące zostaną wydalone z organizmu, skóra znów wróci do swej naturalnej barwy. Czasami proces ten może trwać od 6 miesięcy do roku.

Jedna szklanka soku z marchwi zawiera wszystkie niezbędne dla organizmu w ciągu doby witaminy i mikroelementy. Sok z marchwi składa się ze związków takich pierwiastków, które odżywiają cały organizm, pomagają w normalizacji funkcjonowania układu odpornościowego organizmu.

SOK ZE ŚWIEŻEJ KAPUSTY

Zawiera witaminy: C, z grupy B, K, PP. Sok z kapusty leczy: cukrzycę, nieżyty żołądka, wrzody dwunastnicy, hemoroidy, nadciśnienie tętnicze krwi, miażdżycę, otyłość, tarczycę. Sok z kapusty oczyszcza organizm dzięki znajdującym się w nim związkom siarki, chloru i jodu.

Jedna szklanka soku z kapusty rano i wieczorem pomaga pozbyć się nadwagi, ponieważ substancje wchodzące w skład soku z kapusty powodują intensywny rozkład tkanki tłuszczowej. Gdy jednak jelita funkcjonują nieprawidłowo, po wypiciu soku z kapusty powstaje duża ilość gazów. W tym wypadku należy zaprzestać picia soku z kapusty aż do chwili, gdy jelita nie będą oczyszczone.

SOK Z ZIEMNIAKÓW

Sok z ziemniaków zawiera witaminy: C, z grupy B, siarkę, fosfor, potas i inne. Sok z ziemniaków oczyszcza organizm z bakterii, normalizuje proces organów trawiennych i tarczycy, wspaniale oczyszcza skórę ciała i twarzy z różnego rodzaju plam i wyprysków.

Zdarza się, że ludzie latami cierpią na wrzody żołądka, a wszystkie sposoby i metody leczenia, które wypróbowali, nie pomagają.

Chciałbym zaproponować następującą receptę: żeby się pozbyć wrzodów żołądka, trzeba rano na czczo wypić 10 dag świeżego soku z surowego ziemniaka. Następnie położyć się na pół godziny, a na żołądek położyć poduszkę elektryczną. Kuracja trwa od 10 do 14 dni.

Przy silnym bólu głowy wystarczy wypić 100g świeżego soku z ziemniaków, żeby ustąpił.

SOK OGÓRKOWY

Sok ogórkowy jest najlepszym naturalnym środkiem moczopędnym. Na skutek dużej zawartości krzemu i siarki sok ogórkowy poprawia wzrost włosów. Sok z ogórków zawiera niezbędne do życia pierwiastki: 40% potasu, 10% sodu, 7,5% wapnia, 20% fosforu i 7% chloru. Wysoka zawartość potasu czyni sok ogórkowy bardzo cennym dla chorych z wysokim ciśnieniem krwi. Nasze paznokcie i włosy szczególnie wymagają pierwiastków, które zawiera sok ogórkowy.

Sok ogórkowy można pić po ½ szklanki codziennie, sam lub w zestawie koktajli warzywnych (patrz: koktajle warzywne str. 77).

SOK Z ZIELONEJ PAPRYKI

W soku z zielonej papryki występuje dużo krzemu, tak niezbędnego dla paznokci i włosów. Ludzie cierpiący na powstawanie dużej ilości gazów, różnego rodzaju kolek, skurczów w jelitach będą odczuwać ulgę po wypiciu 1 szklanki soku z zielonej papryki na czczo.

SOK ZE SZCZAWIU

Sok ze szczawiu wspaniale regeneruje błonę śluzową jelit. Szczaw posiada w dużej ilości szczawian potasu, który jest korzystny dla organizmu tylko w postaci organicznej (świeży). Należy bardzo rzadko spożywać szczaw w postaci gotowanej, ponieważ w procesie gotowania szczawian potasu zamienia się w formę nieorganiczną i może stać się przyczyną zapalenia stawów i mięśni. Sok ze szczawiu zawiera dużą ilość żelaza i magnezu, które to pierwiastki są potrzebne krwi, a także fosfor, siarkę, krzem, niezbędne dla wszystkich części naszego organizmu od stóp do głowy.

Sok ze szczawiu można pić sam, ale lepiej dodawać go do sałatek (surówek).

SOK Z KONICZYNY

Przygotowany z liści, jest bardzo dobry przy chorobach kobiecych, przedwczesnym klimakterium. Uczeni stwierdzili, że koniczyna jest bogatym źródłem fitoestrogenów – anologów żeńskich hormonów płciowych. Fitoestrogeny wzmacniają organizm, regulują (normalizują) cykl miesiączkowy, zapobiegają przedwczesnemu procesowi niszczenia organizmu kobiety.

SOK ZE SZPINAKU

Szpinak jest bardzo potrzebny do całego procesu trawiennego, począwszy od żołądka, a skończywszy na jelicie grubym. Surowy szpinak zawiera wspaniałą organiczną substancję do oczyszczenia i zregenerowania funkcji jelit.

Dobrze przygotowany świeży sok ze szpinaku, gdy go pijemy codziennie po 0,5 l, często pomaga pozbyć się zaparć w najcięższej formie w ciągu kilku dni lub tygodni.

Stosowanie środków przeczyszczających jest, niestety, częstokroć nieuzasadnione. Każdy chemiczny lub nieorganiczny środek przeczyszczający działa podrażniająco, stymulując mięśnie jelit do wypróżnień. W rezultacie utrzymuje się chroniczny stan bezczynności miejscowych tkanek, mięśni i nerwów. Środki przeczyszczające są tylko środkami podrażniającymi, które powodują postępującą degenerację jelit.

Świeży (surowy) sok ze szpinaku jest bardzo skuteczny do oczyszczania i pomaga zregenerować nie tylko dolną część jelita, ale i cały układ trawienny.

Kolejną cenną zaletą szpinaku jest jego oddziaływanie na zęby i dziąsła, zapobieganie ropotokowi. Choroba ta jest spowodowana niedoborem w organizmie właśnie tych pierwiastków, które są zawarte w mieszance soku z marchwi i szpinaku.

Z powodu spożywania oczyszczonego cukru i innego rafinowanego pokarmu, a także niedoboru witaminy C, pojawia się krwawienie dziąseł i zwłóknienie miazgi zębowej. Można się tego pozbyć, jeśli będzie się spożywać surowe, naturalne produkty roślinne, a w szczególności odpowiednią ilość soku z marchwi i szpinaku.

Wrzody jelit, złośliwa anemia, rozstrój nerwowy, zaburzenia wydzielania nadnerczy i tarczycy, zapalenie nerek, zapalenie stawów, furunkuloza (czyraczność), obrzęki kończyn, częste krwotoki, utrata sił, reumatyzm, zaburzenia funkcjonowania serca, niskie i wysokie ciśnienie tętnicze krwi, zaburzenia wzroku, bóle głowy (również bóle migrenowe) – oto w większości wypadków skutki niedoboru w organizmie pierwiastków, które się znajdują w surowej marchwi i w szpinaku.

SOK Z DYNI

Ten sok posiada właściwości moczopędne przy obrzękach, spowodowanych przez schorzenia serca i nerek, wzmacnia wątrobę, pobudzając wydzielanie żółci i regeneruje. Uspokaja układ nerwowy, działa przeciwgorączkowo. Można go pić po ½ szklanki dziennie.

SOK Z ARBUZA

Sok z arbuza nie tylko gasi pragnienie, ale i posiada korzystne właściwości lecznicze. Działa jako środek moczopędny przy obrzękach, przeciwmiażdżycowy (przy miażdżycy tętnic), aseptyczny (przy obfitych krwawieniach), ogólnie wzmacniający (z uwagi na dużą zawartość cukrów), środek spędzający sól z organizmu (przy kamieniach nerkowych i żółciowych). Sok z arbuza wspaniale oczyszcza i wzmacnia wątrobę i nerki. Pić do 2 szklanek dziennie.

SOK Z POMIDORÓW

W świeżo przygotowanym soku pomidorowym (w odróżnieniu od soku konserwowanego) znajdują się silnie działające fitocydy, które hamują procesy fermentacyjne i gnilne w jelitach. Dzięki dużej zawartości potasu poprawia pracę serca, a wysoka zawartość kwasu jabłkowego aktywizuje przemianę materii, zwiększając zasadowy zapas krwi. Pod względem ilości witaminy C sok pomidorowy nie ustępuje sokom z owoców cytrusowych.

Szklanka soku zaspokaja połowę zapotrzebowania dobowego organizmu na witaminy A i C. Pić należy po 1 szklance w ciągu dnia lub w połączeniu z sokami warzywnymi (patrz: koktajle warzywne str. 74).

SOK WINOGRONOWY

Najlepszy z soków owocowych. Bardzo wysoko cenił sok winogronowy dla zdrowia twórca medycyny Hipokrates. Sok winogronowy posiada działanie orzeźwiające, wzmacniające, przeczyszczające, napotne, bakteriobójcze i moczopędne. Obniża ilość cholesterolu we krwi, obniża ciśnienie tętnicze krwi.

Najlepiej pić sok winogronowy na godzinę przed jedzeniem od ½ szklanki do 1 szklanki raz dziennie.

Systematycznie spożywającym sok winogronowy nie zaleca się picia mleka i jedzenia surowych owoców, żeby nie spowodować fermentacji w jelitach. Osoby, które cierpią na cukrzycę, otyłość, wrzody żołądka i dwunastnicy nie powinny pić soku w dużych ilościach.

SOK CYTRYNOWY

Jest bogaty w witaminę C, mikroelementy i hormony. Wspaniale oczyszcza organizm z nierozpuszczalnych soli i śluzu. Ci, którzy chcą wyglądać młodo, powinni pić sok z jednej cytryny codziennie. Dzięki zawartości hormonów fitoestrogenowych, sok z cytryn jest szczególnie pożyteczny dla kobiet w starszym wieku. Zadziwiające związki pierwiastków chemicznych, zawartych w soku cytrynowym, stanowią wspaniałą profilaktykę chorób infekcyjnych. Późną jesienią i wczesną wiosną należy profilaktycznie pić sok z cytryn przeciwko epidemii grypy i przeziębieniom według następującego schematu:

1 dzień – 1 cytryna --10 dzień
2 dzień – 2 cytryny – 9 dzień
3 dzień – 3 cytryny – 8 dzień
4 dzień – 4 cytryny – 7 dzień
5 dzień – 5 cytryn – 6 dzień

Od 1. do 5. dnia zwiększamy spożywanie o 1 cytrynę, a od 6. do 10. dnia zmniejszamy o jedną cytrynę. Przez 10 dni należy wypić sok z 30 cytryn.

Sok z cytryny przygotowuje się następująco: cytrynę przekroić w poprzek na dwie połowy, wycisnąć i pić bez dodatku cukru. Jeśli nie mogą Państwo pić czystego soku cytrynowego, można go rozcieńczyć wodą i dodać 1 łyżeczkę miodu. Wyciśniętych połówek cytryn nie należy wyrzucać, przecież w pozostałej części cytryny i w skórce są cenne fitocydy i olejki eteryczne, które korzystnie działają na pracę serca, naczyń krwionośnych, mózgu. Wyciśnięte połówki cytryny należy drobno pokroić, przełożyć do słoika, zalać miodem lub posypać cukrem i wstawić do lodówki. Po 10godzinach otrzymają Państwo wspaniałą esencję (wyciąg z cytryny), którą można pić zamiast herbaty lub kawy, dodając wody mineralnej lub przegotowanej.

SOK Z CZOSNKU

Jako lekarstwo był wykorzystywany już w starożytnej Grecji. Sok z czosnku pobudza apetyt, poprawia trawienie, pomaga w wielu chorobach układu oddechowego, zapobiega przeziębieniom, likwiduje bóle głowy i bezsenność, posiada właściwości moczopędne, wykrztuśne i znieczulające (uśmierzające ból).

Przy chronicznej bezsenności wystarczy pić przez kilka dni po 100g przegotowanej wody z dodatkiem 1 łyżeczki miodu i soku z 1 ząbka czosnku, a pojawi się normalny sen. Przy silnym bólu zębów na nadgarstek lewej ręki należy położyć rozdrobniony na miazgę1 ząbek czosnku i zabandażować, a ból ustanie.

Stwierdzono, że w czosnku znajdują się przynajmniej 2 naturalne antybiotyki, zdolne do zniszczenia do 30 rodzajów bakterii chorobotwórczych. Fitocydy znajdujące się w czosnku całkowicie likwidują procesy gnilne i fermentacyjne w jelitach. A obecność w czosnku hormonu czyni go niezastąpionym środkiem w walce przeciwko schorzeniom serca i naczyń krwionośnych.

Spożywanie soku z czosnku w ciągu dwóch tygodni całkowicie leczy z dysbakteriozy (choroby, na którą cierpi około 90% dzieci i dorosłych) – patrz oczyszczanie pkt. 3, str. 172.

W 1971 roku podczas wyprawy UNESCO do jednego z tybetańskich klasztorów została znaleziona receptura „eliksiru młodości" (nalewki czosnkowej), datowana na IV - V wiek przed naszą erą. Nalewka czosnkowa oczyszcza organizm z odkładającego się tłuszczu, wypłukuje nierozpuszczony wapń, gwałtownie poprawia przemianę materii, oczyszcza naczynia krwionośne, zapobiega zawałowi serca, miażdżycy, paraliżowi, tworzeniu się nowotworów, likwiduje szum w głowie, poprawia wzrok, odmładza organizm.

NALEWKA CZOSNKOWA

35 dag obranego czosnku (z nowych zbiorów) rozetrzeć i zmieszać z 200 ml czystego spirytusu. Szczelnie zamknąć i postawić w ciemnym i chłodnym miejscu (nie do lodówki) na 10 dni.

Następnie nalewkę należy przecedzić, przelać do słoika i postawić w ciemnym miejscu jeszcze na 4 dni. Od tej chwili środek jest gotowy do użycia.

Stosować według następującego schematu:

Dzień	Śniadanie	Obiad	Kolacja
1	1 kropla	2 krople	3 krople
2	4 krople	5 kropli	6 kropli
3	7 kropli	8 kropli	9 kropli
4	10 kropli	11 kropli	12 kropli
5	13 kropli	14 kropli	15 kropli
6	15 kropli	16 kropli	17 kropli
7	18 kropli	19 kropli	20 kropli
8	21 kropli	22 krople	23 krople
9	24 krople	25 kropli	25 kropli
10	25 kropli	25 kropli	25 kropli
11	25 kropli	25 kropli	25 kropli

Dalej należy pić po 25 kropli 3 razy dziennie, dopóki się nie skończy nalewka. Każdą ilość kropli pić z 50 ml kwaśnego produktu mlecznego, najlepiej z kefirem lub jogurtem.

Wiele osób nie lubi ostrego zapachu czosnku. Żeby go zlikwidować, po zażyciu nalewki należy zjeść natkę pietruszki lub jabłko, albo skórkę cytryny lub pomarańczy.

Uwaga! Kurację stosować nie częściej niż raz do roku.

KOKTAJLE WARZYWNE

Podane proporcje są obliczone na otrzymanie 240 g mieszanki soków.

KOKTAJL NR 1

Mieszanka soków z: marchwi + ogórka + zielonej papryki (160 ml + 40 ml + 40 ml), proporcja 4:1:1

Zastosowanie: przy reumatyzmie, bólach w kościach i mięśniach, obrzękach kończyn.

KOKTAJL NR 2

Mieszanka soków z: marchwi + ogórków + sałaty (160 ml + 40 ml + 40 ml), proporcja 4:1:1

Zastosowanie: choroby skóry, egzemy, wypryski, pryszcze, zapalenie oczu, kruche paznokcie.

KOKTAJL NR 3

Mieszanka soków z: marchwi + szpinaku (80 ml + 160 ml), proporcja 1:2

Zastosowanie: bóle brzucha, skurcze, kolki, nadmierne wytwarzanie gazów, zaparcia, reumatyzm, anemia, niskie i wysokie ciśnienie, bóle głowy (typu migrenowego).

KOKTAJL NR 4

Mieszanka soków z: marchwi + zielonej paryki (80 ml + 160 ml), proporcja 1:2

Zastosowanie: oczyszcza skórę z plam i przebarwień, szczególnie często występujących u osób w podeszłym wieku.

KOKTAJL NR 5

Mieszanka soków z: marchwi + pietruszki (160 ml + 80 ml), proporcja 2:1

Zastosowanie: przy zapaleniu układu moczowo-płciowego, oczu, niewydolności naczyń krwionośnych.

KOKTAJL NR 6

Mieszanka soków z: pomidorów (54 ml) + jabłek (108 ml) + dyni (54 ml) + cytryny (24 ml), proporcja 2:4:2:1

Zastosowanie: mieszanka soków wspaniale oczyszcza organizm ze śluzu i sprzyja szybkiej likwidacji tkanki tłuszczowej. Do 1,5 - 2 l mieszanki pić w odciążające dni sokowe. Rezultat jest oszałamiający!

KOKTAJL NR 7

Mieszanka soków z: ogórka (80 ml) + czarnej porzeczki (80 ml) + jabłek (40 ml) + grapefruitów (40 ml), proporcja 2:2:1:1

Zastosowanie: utrzymuje świeżość i ładny wygląd skóry, uspokaja i wzmacnia system nerwowy, poprawia pamięć i pracę mózgu, podwyższa odporność organizmu. *Jedna szklanka tego koktajlu zaspokaja dobowe zapotrzebowanie na witaminę C.*

ROZPUSZCZANIE KAMIENI ZA POMOCĄ SOKÓW

Kamienie i piasek w woreczku żółciowym i nerkach są naturalnym rezultatem niezdolności organizmu do wydalania nagromadzonego nieorganicznego wapnia, powstającego w organizmie na skutek nadmiernego spożywania rafinowanych produktów żywnościowych i pokarmów, które zostały poddane długiej obróbce termicznej.

Wapń, który jest tak niezbędny dla naszego organizmu, występuje w dwóch postaciach: organicznej i nieorganicznej. Organiczny wapń to jedyna postać wapnia, rozpuszczalna w wodzie. Dostając się wraz z krwią do wątroby, jest całkowicie przez nią przyswajany.

Wapń organiczny znajduje się tylko w surowych owocach, warzywach i sokach, a także w produktach mlecznych, które nie zostały poddane obróbce termicznej (twaróg domowej roboty, kwaśne mleko, kefir...).

Wapń zawarty w cukrach i skrobi po poddaniu ich obróbce cieplnej (chleb, bułeczki, pieczywo cukiernicze, cukierki, chipsy, frytki, wyroby mączne itp.) jest w formie nieorganicznej i nie rozpuszcza się w wodzie. Tak więc jest obcym elementem dla organizmu i przy każdej sposobności jest wydalany przez limfę i krew. Nierozpuszczony wapń osiada w pęcherzyku żółciowym, tworząc kamienie, w jamie żołądka, powodując nowotwory, w odbycie – hemoroidy, a dostając się do nerek wytwarza piasek i kamienie. *Dlatego główną przyczyną tworzenia się kamieni w pęcherzyku żółciowym i nerkach jest nadmierne spożywanie pieczywa, słodyczy, makaronu, gęstej, długo gotowanej kaszy, produktów mącznych i produktów rafinowanych.*

Wielowiekowe doświadczenie terapii naturalnej uczy, że usunięcie kamieni sposobem chirurgicznym (oprócz wyjątkowych przypadków) nie ma sensu. Racjonalnym zastosowaniem naturalnych sposobów można osiągnąć lepsze wyniki. Kto ma kamienie w pęcherzyku żółciowym i nerkach, powinien zrozumieć, że usunięcie kamieni to tylko walka ze skutkiem, trzeba walczyć z przyczyną ich pojawienia się w organizmie, a przyczyna, sądzę, jest już zrozumiała. Jak więc pozbyć się kamieni w pęcherzyku żółciowym i nerkach? Należy pić sok z jednej cytryny, rozpuszczony w ½ szklanki gorącej wody 3 - 4 razy dziennie, a oprócz tego mieszankę soków z marchwi, buraków i ogórków w proporcji 1:1:1 po ½ szklanki 3-4 razy dziennie. Pozbyć się piasku lub kamieni można w ciągu kilku dni lub tygodni (w zależności od ilości i rozmiarów kamieni). Ale przy tym należy wyeliminować z pożywienia artykuły mączne, cukier, kasze, produkty mleczne (oprócz masła śmietankowego).

WODA UZDROWICIELKA

Woda w naszym pojęciu jest źródłem życia. Każdy żywy organizm rozpoczyna swoje życie w wodzie, zarodek ludzki nie jest wyjątkiem. Niemiecki lekarz Kneip w swojej znakomitej książce „Moje leczenie wodą" pisał: „Każdy kontakt z wodą to dodatkowa minuta życia". Jak dowodzą ostatnie badania naukowe, z pomocą wody najszybciej odbudowuje się naturalny potencjał elektryczny ciała. Nie na próżno z dawien dawna we wszystkich krajach podróżnikom podawano wodę do obmycia, wodą chrzszczono noworodki. Lekarze starożytni Awicenna i Hipokrates szeroko wykorzystywali na przemian zimną i gorącą wodę, następnie rozcierali ciało, co jak wiadomo aktywnie pobudza krwiobieg i przemianę materii, pomaga wydalić z organizmu „szlam", co w ostateczności sprzyja szybkiemu wyleczeniu. Bardzo często ludzie są gotowi przejechać setki kilometrów w poszukiwaniu jakiegoś „cudownego lekarstwa", zapominając o tym, że znacznie większy efekt można osiągnąć z pomocą zwykłej strugi wody, tryskającej z naszego kranu. Miał rację wielki filozof Seneka, który powiedział: „Jaka szkoda, że istota rzeczy jest taka prosta!". Jak się okazuje, zwykłym polewaniem się gorącą i zimną wodą można osiągnąć zadziwiające wyniki i pozbyć się wielu chorób. Sens połączenia ciepła i zimna polega na tym, że ciepło działa na powierzchniowe warstwy ciała, poprawiając przepływ krwi w skórze, a zimno stymuluje krwiobieg w organach wewnętrznych. W ten sposób zwykłe naprzemienne oddziaływanie ciepła i zimna (podczas zabiegów wodnych) jest tym „cudownym lekiem" na wiele schorzeń, ponieważ regeneruje proces normalnego krwiobiegu, wzmacnia mięśnie i serce, podwyższa odporność.

Naprzemienne nacieranie to wspaniały środek, przyzwyczajający organizm do chłodu i gorąca oraz orzeźwiający system nerwowy. Takie nacierania są zalecane szczególnie osobom w podeszłym wieku, ponieważ zmniejszają podatność na zmęczenie, potliwość, wrażliwość mięśni i stawów, wrażliwość na zmiany pogodowe, które są charakterystyczne dla ich wieku. Jeśli do wody przeznaczonej do nacierania doda się wyciąg z rumianku, szałwii lub innych ziół leczniczych, to efekt będzie jeszcze lepszy. Przecież więdnąca skóra szczególnie potrzebuje witamin, które znajdują się w tych wyciągach, a jednocześnie wymaga masażu, który się odbywa podczas rozcierania.

Namoczywszy w zimnym wyciągu mały ręczniczek frotte (lub uszytą z ręcznika rękawicę), wykręca się go, by woda nie ściekała, i naciera całą rękę. Następnie, namoczywszy ręcznik w gorącym wyciągu, po wykręceniu zabieg należy powtórzyć. Później skórę naciera się suchym ręcznikiem, aż do odczucia ciepła i zaczerwienienia. Kolejno w ten sposób naciera się drugą rękę, klatkę piersiową, plecy i nogi. Całkowity czas zabiegu wynosi od 3 do 5 minut. Zabieg najlepiej wykonywać codziennie po naprzemiennym chłodnym i gorącym prysznicu porannym.

Naprzemienny prysznic brać należy codziennie rano i wieczorem. Stanąć pod prysznicem, wyregulować wodę, żeby miała przyjemną temperaturę i oblewać się 20 sekund. Następnie, odkręcając kran z zimną wodą, obniżyć temperaturę, żeby woda stała się przyjemnie chłodna i polewać 10 sekund, a potem naprzemiennie polewać się raz ciepłą, raz zimną wodą, według schematu: 20 sekund ciepła woda, 10 s chłodna. Czas trwania zabiegu powinien wynosić od 2 do 4 minut, według samopoczucia.

DOMOWE KĄPIELE LECZNICZE

Kąpiele lecznicze to jeden z najstarszych sposobów leczenia. Kąpiel, którą nie jest trudno przygotować, likwiduje zmęczenie, uspokaja system nerwowy, odmładza skórę, poprawia sen i przemianę materii, usuwa ból i napięcie w mięśniach całego ciała. Jeśli jest to kąpiel ziołowa, to nadaje jeszcze niepowtarzalnego aromatu naszemu ciału. Wiele osób, odczuwających bóle w plecach, ramionach, krzyżu itp. marzy o tym, że pojedzie do uzdrowiciela (sanatorium), weźmie kąpiele rodonowe lub inne lecznicze. Ale z różnych przyczyn, głównie z powodu braku pieniędzy, marzenia nie zawsze się spełniają, a plecy bolą. W takiej sytuacji zwykła domowa kąpiel może być nie mniej skuteczna. Ważne, by pamiętać o tym, że lecznicze kąpiele domowe przyniosą spodziewany efekt tylko wtedy, kiedy są stosowane w cyklu leczenia nie mniej niż 10-15 kąpieli, stosowanych co drugi dzień. Szczególnych warunków do kąpieli nie potrzeba. Żeby jeszcze lepiej rozluźnić mięśnie, można w czasie kąpieli słuchać ulubionej muzyki. Po kąpieli w całym ciele i na duszy robi się lekko i radośnie, bo naprawdę oczyszczając ciało, oczyszczamy i duszę! Czas przebywania w kąpieli winien wynosić od 15 do 25 minut, w zależności od samopoczucia.

KĄPIEL NR 1 – TEMP. 35° -37°C

300g kwiatu rumianku zaparzyć w 5 litrach wrzątku i odstawić na 2 godz. Następnie przecedzić i wlać do wanny.

Zastosowanie: bóle w plecach, krzyżu, stawach, przeciwzapalne, ogólnie wzmacniające.

KĄPIEL NR 2 – TEMP. 34°C

200g liści szałwii zaparzyć w 5 litrach wrzątku i postawić na 2 godz. Następnie przecedzić i wlać do wanny.

Zastosowanie: niskie ciśnienie, astma, bronchit, choroby skóry, przeciwzapalne, oczyszcza stawy.

KĄPIEL NR 3 – TEMP. 38°C

1,5 kg gałązek świerku gotować w 5 litrach wody przez 30 min, przecedzić i wlać do wanny.

Zastosowanie: bóle kręgosłupa, kości, obrzęki kończyn.

KĄPIEL NR 4 – TEMP. 37-38°C

Do wanny wsypać 2 kg zwykłej soli jodowanej, dobrze rozmieszać.

Zastosowanie: uspokaja system nerwowy, oczyszcza i odmładza skórę, usuwa bóle w mięśniach i stawach. Zwiększa odporność organizmu.

Opis zabiegów wodnych byłby niepełny, gdyby nie napisać o saunie, czyniącej naprawdę cuda, dzięki której można się wyzwolić od chorób fizycznych i psychicznych, wynalezionej przez naszych przodków.

NIEZWYKŁA MOC SAUNY

Jeśli zapytać kogoś, co dla niego jest najważniejsze w życiu, odpowiedź zwykle jest jedna: dobre zdrowie i długie życie. Dobre zdrowie to dar natury, ale trzeba się o to postarać. Istnieje bardzo wiele sposobów na zdrowe życie, choć często brakuje nam chęci, by uczynić pierwszy krok.

Wystarczy spojrzeć na ludzi na ulicy, w ich ruchach widać rak swobody pracy stawów, z trudem podnoszą nogi, nie uginają im się kolana, a kręgosłup i szyja jakby zrobione były z drewna. Rzadko można spotkać osoby, które nie mają bólów w plecach. Większość ludzi, wstając rano z łóżka, odczuwa bóle w ramionach, w rękach, a podczas rozmów każdy powtarza to samo: stawy bolą dlatego, że się starzejemy. Ale to nie jest tak. Natura obdarzyła każdy staw człowieka elastycznością, którą zabezpiecza specjalna substancja, rodzaj mazi. Niezależnie od tego, ile kto ma lat, 30, 50 czy 70, zapas „smaru" samoistnie nie zmniejsza się. Jest tylko jedna przyczyna utraty elastyczności stawów – nieprawidłowe odżywianie się i wewnętrzne „zanieczyszczenia" organizmu, wywołane przez zaparcia, powodujące samozatrucie organizmu i leżące u podstaw wielu chorób. Z samozatruciem organizmu można walczyć na wiele sposobów.

Sauna należy do z najbardziej efektywnych i przyjemnych sposobów na oczyszczenie wewnętrznych organów i skóry z trucizny, która przez lata gromadziła się w naszym ciele.

HARTUJMY SIĘ!

Badania naukowe udowodniły niezbicie, że ludzie korzystający z sauny 10-krotnie rzadziej chorują na grypę i przeziębienia. Każdy doskonale wie, że warunki pogodowe i zdrowie są ściśle ze sobą powiązane. Na organizm człowieka mają wpływ zmiany temperatury, wilgotność, siła wiatru, burze magnetyczne itd. Jeśli ochronne mechanizmy organizmu są osłabione, natychmiast reagujemy na wszelkie zmiany pogody złym samopoczuciem. Sauna jest znakomitym sposobem hartowania organizmu chłodnym, ciepłym, gorącym, suchym i wilgotnym podrażnieniem. Występuje tam cały czas zmiana efektów hartowania. Podczas rozbierania się temperatura wynosi 20-24^{0}C, po wejściu do sauny 60-90^{0}C, kiedy się opłukujemy ciepłym prysznicem 30-40^{0}C, chłodnym 15-20^{0}C i od razu widoczna jest różnica temperatury prawie 70 stopni. Należy pamiętać, że zmienne prysznice stanowią najlepszy termomasaż naczyń krwionośnych skóry, gorący tusz powoduje rozluźnienie mięśni i rozszerzenie naczyń krwionośnych. Zimny prysznic powoduje efekt odwrotny – zwężenie naczyń. Taki trening uodparnia potem na wszelkie zmiany pogody.

KTO MOŻE KORZYSTAĆ Z SAUNY?

Profilaktyczne ćwiczenia i hartowanie organizmu jest dobre. Wszyscy o tym wiedzą, choć z reguły każdy ma jakieś wymówki, by te proste sposoby na zdrowie wcielić w życie. Sauna nie wymaga żadnego wysiłku i jest dobra, co potwierdzają badania naukowe, dla wszystkich. Dla osłabionych, dla średnio zahartowanych i dla mało odpornych na wszelkie dolegliwości. Fińskie powiedzenie brzmi: „*Z sauny może korzystać każdy, kto potrafi do niej dojść*".

SAUNA I SERCE

Szwajcarscy lekarze zaproponowali, by wykorzystać saunę do leczenia chorych na nadciśnienie. Wspomniane wcześniej ćwiczenia termiczne naczyń krwionośnych mają w tym wypadku kapitalne znaczenie. Już po 15 zabiegach w saunie w większości przypadków ciśnienie tętnicze wracało do normy. Pobudzenie krwiobiegu, a to właśnie ma miejsce podczas korzystania z sauny, powoduje lepsze odżywianie i oczyszczanie komórek organizmu. Naukowcy udowodnili, że sauna jest stabilizatorem krwi – podwyższa tym, którzy mają zbyt niskie ciśnienie krwi, obniża natomiast nadciśnieniowcom oraz stabilizuje skoki u tych, którzy mają ciśnienie zmienne. Osoby z wadami i osłabieniem serca powinny pamiętać, że oprócz temperatury, na układ krążenia mają także wpływ wilgotność powietrza, ułożenie ciała i czas korzystania z sauny. W szczególnych wypadkach należałoby zatem skonsultować z lekarzem, jak długo można przebywać w saunie i w jakiej temperaturze.

SAUNA BEZ NERWÓW

Na bezsenność cierpi ponoć co czwarty mieszkaniec kuli ziemskiej. Jest to rozregulowanie biologicznego zegara, spowodowane niewłaściwym trybem życia: nocne jedzenie, stresy, kawa, papierosy, leki itd. Francuscy badacze stwierdzili, że sauna jest również znakomitym lekarstwem na bezsenność.

Finowie, którzy korzystają z sauny na co dzień, powiadają, że *„gniew i nienawiść spalają się w saunie"*. Łatwo można to wytłumaczyć, gdyż korzystający z sauny człowiek odczuwa tu spokój i swoistą przyjemność. Rozgrzanie mięśni i organów ciała powoduje zanikanie bólów w kościach i stawach. Poprawia się ogólne samopoczucie, można w saunie oderwać się od natrętnych myśli i codziennych kłopotów, a zmiany termiczne to najlepszy środek likwidacji napięcia nerwowego. Dlatego polecam wszystkim korzystanie z sauny, która w Polsce, niestety, nie jest popularna na szeroką skalę. Brak tradycji w tym względzie nie oznacza jednak, że takiej tradycji i nawyków nie można kształtować, a jedno jest pewne – sauna jest bardzo prostą i sprawdzoną metodą na zdrowe życie.

Sauna ma duży wpływ na przemianę materii, poprzez pory skóry wydostaje się dużo toksycznych kwasów i szkodliwych pierwiastków.

W dzisiejszych czasach większość artykułów spożywczych zawiera duże ilości konserwantów, barwników i soli. Żeby organizm pozbył się szkodliwych substancji, człowiek powinien dobrze się spocić, co następuje właśnie w saunie. O poprawie przemiany materii możemy się przekonać, obserwując wydzielanie potu i zmniejszanie wagi ciała.

Intensywne pocenie w saunie jest pomocne dla pracy nerek, ponieważ ¾ wszystkich toksyn z organizmu usuwane jest poprzez pory skóry. Naukowcy ustalili, że korzystając z sauny przez jedną godzinę, organizm wydziela wraz z potem tyle toksyn, ile zdrowe nerki w ciągu 24 godzin. Oprócz tego w ciągu jednej godziny można schudnąć 0,6-2 kg.

Niemiecki profesor Krauz w trakcie badań udowodnił, że kobiety ciężarne regularnie chodzące do sauny rodziły dzieci lekko i szybko, a u 96,6% spośród nich noworodki miały prawidłową wagę. Obserwując ich dzieci w ciągu trzech lat, dostrzeżono odporność na wszelkiego rodzaju infekcje i przeziębienia. Oprócz tego sauna powoduje zwiększenie laktacji (ilości mleka) u karmiących matek – w przybliżeniu o 80%.

W Finlandii, Niemczech, Rosji dzieci korzystają z sauny razem z rodzicami, przy czym sauna leczy je i hartuje. W dzisiejszych czasach dzieci często chorują na skutek gwałtownych zmian temperatury i wilgotności powietrza. Sauna może być bardzo pomocna w likwidacji tych problemów. W Niemczech i w Czechach chodzenie do sauny jest przewidziane w szkołach i przedszkolach. Dzieci w wieku od trzech do dwunastu lat mogą przebywać w saunie 1,5 do 3 minut (jednorazowo) w temperaturze 50 - 60°C, przy wilgotności powietrza 25%.

SAUNA I SKÓRA

U dorosłej osoby ogólna powierzchnia skóry wynosi od 1,5 do 2 m. Zdrowa skóra chroni organizm przed szkodliwym oddziaływaniem środowiska zewnętrznego. Poprzez pory skóry organizm oddycha, przy czym proces tego oddychania jest bardzo istotny, a nic tak nie oczyszcza porów skóry, jak przebywanie w saunie.

Skóra człowieka ma działanie podwójnego filtra: z jednej strony wydziela szkodliwe substancje, a z drugiej może, jak gąbka, wchłaniać elementy zdrowotne. Ta właściwość powinna być wykorzystana w saunie poprzez korzystanie z różnych aromatycznych olejków. Pożyteczne substancje przenikają poprzez drogi oddechowe i rozszerzone pory skóry. W organizmie człowieka korzystnie wpływają na działanie układu nerwowego, serca, wątroby i naczyń krwionośnych (np. przy katarze i bólach gardła można stosować eukaliptus, przy bezsenności rumianek, przy bólach układu pokarmowego miętę; lawenda i jaśmin pobudzają pracę mózgu, a olejek sosnowy wycisza układ nerwowy).

Jeśli na skórze występują pryszcze, trądzik, wągry itp., to dobrze jest przed wejściem do sauny przygotować roztwór: 1 stołowa łyżka soli plus jedna łyżka sody oczyszczonej na szklankę wody. Tym płynem przed wejściem do sauny należy namasować całe ciało (oprócz twarzy), a po wyjściu opłukać je ciepłą wodą.

CO NALEŻY PIĆ W SAUNIE

W celu ugaszenia pragnienia w saunie jedni zalecają picie zimnych napojów, a inni gorącej herbaty.

Amerykańscy naukowcy, w trakcie badań, proponowali jednej grupie picie zimnych płynów, a drugiej picie gorącej herbaty. Zostało udowodnione, że zimne napoje obniżają temperaturę tylko w jamie ustnej, a gorąca herbata obniża temperaturę całego ciała o 1 - 2^{0}C. Dlatego herbata jest najlepszym napojem do sauny, szczególnie z dodatkiem liści czarnej porzeczki, maliny, poziomki oraz miodu. Od dawna wiadomo, że w liściach herbaty znajduje się powyżej stu pierwiastków i żaden z nich nie jest szkodliwy dla człowieka. Herbatę należy pić zawsze świeżo zaparzoną (czas parzenia: 4-6 min). Jeśli herbata po zaparzeniu stoi zbyt długo, giną w niej wszystkie witaminy.

WAŻNE DROBIAZGI

1. Najlepiej przebywać w saunie 5-10 minut.
2. Po każdym wyjściu z sauny odpoczywać 10-15 minut.
3. Liczba wejść do sauny: 3-5.
4. Najbardziej pożyteczna dla zdrowia temperatura: 60-70°C.
5. Przebywając w saunie i w czasie odpoczynku najlepiej pić herbatę i soki.
6. Bardzo dobrze jest, przebywając w saunie, robić masaż stóp i rąk.
7. Jeśli chcemy w saunie schudnąć, należy trzymać nogi w misce z ciepłą wodą.
8. W czasie przebywania w saunie nie wolno smarować ciała i twarzy żadnymi kremami.

9. Po każdym wyjściu z sauny należy opłukać się najpierw pod ciepłym, a potem pod zimnym prysznicem, bez wycierania się.
10. Przed korzystaniem z sauny nie wolno dużo jeść, a także pić kawy ani alkoholu.

CO JEMY I CO „JE” NAS

Szkodliwość rafinowanego pokarmu

CO JEMY I CO „JE" NAS

Współczesne pożywienie składa się z produktów żywnościowych, wyselekcjonowanych zgodnie z trzema zasadami:

a) musi być kaloryczne, żeby sycić się mniejszą ilością pokarmu;
b) musi dać się łatwo przyrządzać, bo dzisiejsza pani domu ma mało czasu;
c) musi być łatwo pochłaniane, żeby zęby nie musiały wykonywać dużego wysiłku (współczesny człowiek nie ma czasu na przeżuwanie swojego obiadu).

Zgodnie z tymi zasadami, mięso znacznie wyprzedza warzywa, bo potrzeba go mniej, żeby zaspokoić głód. Białe pieczywo jest lepsze od ciemnego, bo łatwiej się je przeżuwa. Oczyszczony ryż i cukier wyglądają bardziej zachęcająco. Po porcjowane, zamrożone produkty wypierają świeże, bo wymagają mniej pracy w kuchni. Nawet świeże soki są zamieniane na konserwowe. Ten typ odżywiania uważany jest za osiągniecie współczesnego postępu. Uwalnia gospodynię od kuchni, a matkę czyni niezależną od urodzonego dziecka (mam na myśli karmienie dziecka sztucznym pokarmem, który zastępuje mleko matki).

Nawyk odżywiania się w taki sposób szkodzi nawet bardzo silnym ludziom. Słabsi zaczynają cierpieć znacznie wcześniej, ale najcięższe skutki można zaobserwować u dzieci.

SZKODLIWOŚĆ RAFINOWANEGO POKARMU

Dążenie człowieka do tego, by wszystko „ulepszać", oddzielać „potrzebne" od „niepotrzebnego", doprowadziło do tego, że większość produktów jest rafinowana, tzw. „sztuczna". Sądzę, że nie ma sensu objaśniać różnicę między różą sztuczną a różą wyhodowaną przez ogrodnika. Jedyne co je zbliża do siebie, to ich wygląd zewnętrzny. Analogiczne podobieństwo istnieje między naturalnymi i syntetycznymi witaminami, masłem i margaryną itd.

W procesie rafinacji (oczyszczania w celu nadania wyglądu handlowego, za pomocą obróbki termicznej, gotowania) pożywienie jest pozbawiane głównej „biologicznej" informacji, którą otrzymało od słońca, ziemi i wody. Takie pożywienie staje się dla organizmu obce i organizm, żeby je przyswoić, zaczyna tracić własne zapasy. Doskonałym przykładem są buraki i cukier, który z nich jest otrzymywany. Burak to naturalny produkt roślinny, w którym znajduje się wiele witamin, soli mineralnych, fermentów, hormonów. Cukier otrzymany z buraków jest dokładnie oczyszczany, krystalizowany, filtrowany. By nadać mu białą barwę, jest poddawany oddziaływaniu chlorku wapnia – trucizny! Do naszego żołądka cukier dostaje się jako substancja czysto chemiczna – sacharoza, pozbawiona witamin, soli mineralnych, substancji aktywnych biologicznie. By taki wysokokaloryczny produkt mógł być wchłonięty przez organizm, musi być do niego dołączona inna substancja. W naturalnym produkcie – buraku – są wszystkie niezbędne substancje, a w cukrze jest ich brak. Dlatego też organizm zmuszony jest oddawać własne substancje: wapń z zębów – stąd próchnica, żelazo i inne pierwiastki z krwi, co prowadzi do cukrzycy. Cukier, jak wiadomo, używany jest nie tylko do herbaty i kawy, zawierają go cukierki, herbatniki, ciasta, napoje. Wszystkie drogi dostosowania się cukru do organizmu są wprost niemożliwe do wyliczenia. W związku z dużym spożyciem cukru, w ciągu ostatnich 10-15 lat we wszystkich krajach wysoko rozwiniętych wzrosła zachorowalność społeczeństwa na cukrzycę. W USA liczba chorych na cukrzycę osiągnęła 10 milionów osób, w Rosji w ciągu ostatnich 10 lat liczba osób chorych na cukrzycę wzrosła trzykrotnie.

Ostatnie dane naukowe mówią o tym, że cukier jest dla organizmu całkowicie obcą substancją, która właściwie wcale nie jest wchłaniana, a tylko prowadzi do zaniku naczyń krwionośnych i mutacji lub zwyrodnienia komórek, co w ostateczności powoduje raka.

Dlatego ogromnym błędem jest wyrabianie u małego dziecka „apetytu" na słodycze. Naprawić tego błędu nie będzie można przez całe jego dalsze życie.

Obecnie szeroko stosowana jest zamiana mleka kobiecego na mleko krowie lub sztuczne mieszanki pokarmowe. Dziecko karmione sztucznie to potencjalny alergik. Trudno przewidzieć, jakie jeszcze choroby mogą spotkać dziecko, które jest pozbawione pokarmu matki. Wraz ze sztucznym mlekiem krowim do organizmu dziecka dostają się białka antyciała, których organizm dziecka nie jest w stanie strawić. *W mleku kobiecym znajduje się w dużej ilości laktoza (cukier mleczny), która dociera do jelita grubego, tworząc odpowiednio korzystne środowisko do powstania mleczno-kwasowych i innych pożytecznych bakterii, czyli buduje w ten sposób zdrowe jelito grube.*

Podczas spożywania mleka krowiego lub innych zamienników, zamiast fermentacji mlekowej, kwasowej, powstają gnilne procesy fermentacyjne, co wywołuje samozatruwanie słabego organizmu, zaburzenia mikroflory jelita grubego i jego zwyrodnienie.

Sztuczne mleko nie posiada energii biologicznej, która jest obecna w mleku matki, z tego powodu dziecko jest ciągle głodne i musi być często podkarmiane. Wcześnie otrzymuje pokarm skrobiowy i mięsny. Układ pokarmowy dziecka nie może strawić i wchłonąć tych produktów, system fermentacyjny jest jeszcze niezupełnie ukształtowany. Niektórych fermentów po prostu brak, a pokarm już jest. Proszę popatrzeć na dzieci w wieku od 2 do 5 lat Mają pod nosem ciągle śluzowatą wydzielinę – to przez nadmiar pożywienia zawierającego skrobię. Dzieci sztucznie karmione ciągle chorują na przeziębienia i zapalenia. Całkowicie brak im instynktu samozachowawczego.

Chciałbym, żeby każda przyszła matka wiedziała, że nic nie może zastąpić dziecku naturalnego mleka matki, żadna sztuczna odżywka nie zawiera w sobie informacji o miłości, delikatności, czułości, a co najistotniejsze – informacji, jak ustrzec się od nieszczęść i chorób. W mleku kobiecym cała ta informacja się znajduje.

Jeśli w pożywieniu ciężarnej kobiety przeważają słodycze, białe pieczywo, wędlina, krowie mleko, kawa, smażone (pieczone) mięso itp. rafinowane produkty, a na dodatek przyszła matka pali papierosy, to może mieć za mało pokarmu, lub w ogóle pokarmu mieć nie będzie.

MLECZNY „NAŁÓG"

Żaden ssak na świecie (oprócz człowieka) w dorosłym okresie swojego życia nie spożywa mleka. Tak urządziła to natura.

Jeśli chodzi o koty, to my, ludzie, nauczyliśmy je pić mleko. Koty, które nie piją mleka żyją dwa razy dłużej (co zostało udowodnione przez naukę). Obecnie mleko zostało zastąpione specjalnym pożywieniem, które ze smakiem zajadają nasi ulubieńcy. Sami więc Państwo widzą, że gust naszych pupilków jest zmienny.

Podstawowa różnica między mlekiem krowim i kobiecym polega na wysokiej zawartości białka – kazeiny – w mleku krowim. Kazeina to substancja potrzebna cielakowi, by mu rosły kopyta i rogi, ale nawet cielak pije mleko tylko do 6 miesięcy. Człowiek nie ma kopyt ani rogów, dlatego też żywieniowe normy białka są jawnie zawyżone. *Człowiek potrzebuje znacznie mniej białka, ponieważ określony gatunek bakterii, znajdujących się w jelicie grubym, posiada zdolność syntetyzowania białka z węglowodanów, których dostarczamy, spożywając produkty roślinne. W mleku kobiecym białka kazeiny jest mało, zaledwie 0,2%.*

W krowim mleku znajduje się mało żelaza, dlatego cielak żywi się trawą. W tym celu natura specjalnie przystosowała organy trawienne cielaka, by mógł strawić mleko i trawę oddzielnie. Układ pokarmowy człowieka jest zbudowany inaczej. Krowie mleko, dostając się do żołądka człowieka, pod wpływem kwaśnych soków żołądkowych ścina się, tworząc coś przypominającego twaróg.

Ten „twaróg" oblepia cząstki innego pokarmu, znajdującego się w żołądku. Dopóki ścięte mleko nie ulegnie strawieniu, proces trawienny innego pokarmu nie rozpocznie się. Zjawisko to, często powtarzając się, może spowodować zaburzenia w funkcjonowaniu układu pokarmowego. Stąd pytanie: po co zamieniać swój organizm w przetwórnię mleka i kwaśnych produktów mlecznych, tracąc przy tym wiele energii na proces trawienia?

Kazeina, znajdująca się w mleku, rozkłada się w organizmie za pomocą podpuszczki. Dziecko 1-2-letnie ma już paznokcie i włosy, więc zapotrzebowanie na kazeinę jest żadne. Układ trawienny dziecka przestaje wydzielać podpuszczkę. Od tej chwili krowie mleko staje się dla organizmu produktem ciężkostrawnym.

WAPŃ, TŁUSZCZ I CHOLESTEROL

Nikt nie podważa faktu, że mleko zawiera dużo wapnia, niezbędnego do rozwoju kości. A czy mniej jest wapnia w orzechach, kapuście, marchwi, burakach? Więcej. A co najważniejsze – jest tam w idealnej proporcji z innymi minerałami, i do tego w formie łatwo przyswajalnej przez organizm.

W mleku występują tłuszcze zwierzęce, a jak wiemy, tłuszcz zwierzęcy powoduje zwiększenie ilości cholesterolu i wypłukuje wapń z organizmu, dlatego mleko się odtłuszcza. Tłuszcze znajdujące się w orzechach i ziarnach, np. słonecznika (najbardziej wartościowe), są przyswajalne przez organizm w 80%, podczas gdy tłuszcze z mleka tylko w 20%. W prasie zachodniej dawno już pisano, że zaobserwowano tendencję rezygnowania ze spożywania tłustego mleka i coraz częściej spożywa się niskotłuszczowe. To przyniosło odczuwalne wyniki: znacznie zmniejszyła się liczba zachorowań na choroby związane z układem krwionośnym i pokarmowym.

Nasuwa się pytanie: po co zwiększać liczbę zachorowań, spowodowanych przez mleko, a potem walczyć o ich zmniejszenie? Co się tyczy kwaśnych produktów mlecznych: kefiru, jogurtu, a szczególnie twarogu i żółtego sera, to produkty te można spożywać, a nawet trzeba. Specjalnie zaleca się spożywanie ich ludziom w podeszłym wieku i dzieciom. Chodzi o to, że bakterie znajdujące się w kwaśnych produktach mlecznych już zrobiły to, co organizm człowieka czyni z wielkim trudem.

NIESTRAWNA KAZEINA

Należy brać pod uwagę jeszcze jeden ważny fakt. Obecnie mleko jest szkodliwe, zwłaszcza dla dzieci, z racji swych ekologicznych zanieczyszczeń. Nieodłącznym towarzyszem wapnia w mleku jest radioaktywny (promieniotwórczy) pierwiastek stront-90. Niektórzy lubią dodawać mleko do kawy i herbaty. Lepiej tego nie robić, ponieważ pod wpływem temperatury kazeina, znajdująca się w mleku, ścina się. Kazeina to surowiec do produkcji kleju organicznego. W naszym organizmie niestrawiona kazeina „klei" kamienie w nerkach, naczynia krwionośne, powoduje powstawanie guzów w nogach, deformację palców u rąk, a inne niestrawione składniki mleka osiadają w naszych tkankach i ścięgnach pod postacią śluzu.

Znakomity uczony, specjalista do spraw żywienia, znawca diet, H. Shelton pisał: Mleko krowie jest źródłem powstawania śluzu w organizmie człowieka od okresu niemowlęctwa do głębokiej starości, a doktor Walker dodał: ...i jest przyczyną takich chorób, jak grypa, przeziębienia, astma, bronchit (zapalenie oskrzeli).

INFORMACJA W MLEKU

W bioenergetyce istnieje teoria, że każdy produkt żywnościowy zawiera w sobie informację o warunkach swoich „narodzin", rozwoju, dojrzewaniu itd., kształtuje więc w człowieku „naturalny instynkt zachowawczy". Co z punktu widzenia tej teorii przedstawia sobą mleko krowie, nietrudno się domyślić. Mądrzy jogowie, żeby nie spożywać krowiego mięsa i nie pić mleka uczynili krowę „świętą". Nawyk picia mleka w dużych ilościach, szczególnie w ciągu ostatnich 100 lat, przywędrował z Ameryki. Nadmiar otrzymywanego mleka Amerykanie przerabiali na proszek (odżywki mleczne) i „obdarowywali" nim kraje Trzeciego Świata. Całej tej akcji towarzyszyła szeroka reklama o pożytkach płynących z mleka. Jak wiadomo, darowanemu koniowi w zęby się nie zagląda.

ROZSTANIE Z „NAŁOGIEM"

Czy wszystkie te argumenty przyjmują do wiadomości ci, u których mleko zajmuje czołowe miejsce w jadłospisie? Najprawdopodobniej nie. Człowiek z trudem rozstaje się z nałogiem. Jednak chcę poradzić, szczególnie ludziom starszym, zastąpienie mleka kefirem i chudym twarogiem. A wszyscy ci, którzy będą nadal pić mleko, powinni przyjrzeć się uważnie swojemu organizmowi. Czy po spożyciu mleka nie odczuwają żadnych dolegliwości jelitowych, nie mają wzdęcia brzucha itp. Należy także pamiętać, że mleko, z uwagi na specyficzne trawienie, należy spożywać zawsze oddzielnie, nie łączyć go z innymi produktami.

MĄKA CZY MĘKA

Nadszedł czas na omówienie pospolitego produktu, jakim jest mąka. Otrzymuje się ją z ziaren zbóż. W zmielonej, nie oczyszczonej mące znajdują się witaminy z grupy B, PP, F, substancje mineralne, fermenty, a więc wszystko to, co jest niezbędne dla naszego organizmu. Spożywając potrawy przygotowane z takiej mąki, człowiek otrzymuje 100% energii zawartej w ziarnach. W skład ziarna wchodzi skrobia - 85% i otoczka biologiczna - 15%. Substancje, znajdujące się w tej otoczce umożliwiają rozszczepienie i przyswojenie przez nasz organizm skrobi (przypomnijmy sobie zasadę mechanizmu „samotrawienia"). Oczyszczona, rafinowana mąka nie posiada otoczki, a więc tego, co jest najlepsze i najpotrzebniejsze w ziarnie.

MĘKI Z OCZYSZCZONĄ MĄKĄ

Na strawienie kawałka białego pieczywa lub drożdżówki potrzeba całego szeregu substancji, które będą pobierane z zapasów naszego organizmu. Mąka oczyszczona to skrobia, która jest pozbawiona informacji biologicznej (kodu) i dlatego będzie trawiona z trudem, a niestrawione resztki będą wypełniać fałdy tłuszczowe w naszym ciele. Każda gospodyni wie, co się dzieje, gdy zanurzyć mąkę w ciepłej wodzie – ona pęcznieje, tworząc klajster, substancję podobną do kleju. Dokładnie tak samo niestrawiona skrobia pęcznieje w naszych jelitach, przeszkadzając normalnemu procesowi trawienia, na dodatek jeszcze niestrawiona skrobia jest głównym sprawcą tworzenia się złogów we krwi, zanieczyszczenia naczyń krwionośnych i powstawania kamieni w pęcherzyku żółciowym.

Żeby pieczywo, ciasta, herbatniki, bułeczki i właściwie wszystkie produkty z białej mąki wyglądały bardziej apetycznie, stosuje się do ich produkcji różnorodne domieszki: barwniki, środki aromatyczne, środki odkwaszające, przyspieszacze, utrwalacze, spulchniacze (środki spulchniające) itp. Gdzie się później podziewają te domieszki? Niestety, pozostają w nas do końca życia. Pod wpływem tych „domieszek" naczynia krwionośne „drętwieją" i mąka zamienia się w mękę.

NIEBEZPIECZNE DROŻDŻE

Praktycznie wszystkie gatunki chleba wypiekane są na drożdżach piekarskich, a drożdże, jak wiemy, powodują procesy fermentacyjne w jelitach. Jak stwierdzili amerykańscy naukowcy, drożdże aktywizują także powstawanie nowotworów w organizmie. Spożywając chleb, zamieniamy swój układ pokarmowy w „pole walki" między drożdżami, znajdującymi się w pieczywie, a naturalną mikroflorą jelit. Ponieważ jednak chleb spożywamy od najmłodszych lat, właściwa mikroflora u większości osób jest rzadkością. *Zaparcia, wzdęcia brzucha, choroby układu pokarmowego to w wielu przypadkach skutki nadmiernego spożywania chleba, bułek itp.*

PRZAŚNY CHLEB

Szkodliwość pieczywa drożdżowego, które po raz pierwszy pojawiło się w Egipcie około 15 tysięcy lat temu, była stwierdzona już dość dawno. Wiele narodów, żeby uchronić się przed wymieraniem, piekło tylko przaśny chleb i zwyczaj ten utrwalali w formie religijnych dogmatów. Na przykład w Biblii czytamy: „Nic kwaśnego nie spożywajcie, wszędzie, gdzie będziecie przebywać, jedzcie tylko przaśny chleb". To bardzo korzystna i mądra rada. Myśl o tym, by zrezygnować z białego pieczywa u wielu osób może spowodować szok. Jeśli jest jednak Państwu drogie własne zdrowie, zdecydujecie się na ten krok. *Proszę starać się spożywać chleb z mąki grubo mielonej lub pieczony bez użycia drożdży.*

Proszę nie jeść świeżego chleba, należy odczekać 1 - 2 dni, aż drożdże stracą swoją aktywność i przestaną być szkodliwe. Można opiekać chleb w tosterach, sporządzać suchary, grzanki...

BŁĘDNE KOŁO

Wszystkie „wzbogacone" kasze, podobnie jak ziarna, są pozbawione tych wartościowych substancji, które znajdują się w ich otoczce i – będąc oczyszczone – są trudno przyswajalną skrobią. Dlatego też zaleca się spożywanie nieoczyszczonych kasz i nieoczyszczonego ryżu. Rafinowane i „wzbogacone" pożywienie (cukier, herbatniki, wędliny, czipsy, pieczywo itp.) zwykle zawiera mało wody, natomiast nadmiar soli lub cukru. Spożywając takie produkty, odczuwamy pragnienie, dlatego popijamy je różnymi płynami.

Tak tworzy się błędne koło. A mianowicie: spożywanie rafinowanych produktów powoduje pragnienie, co z kolei wywołuje zapotrzebowanie na napoje, by je zaspokoić. Płyny wypłukują soki trawienne, co zakłóca procesy trawienne poprzez gwałtowny brak witamin i fermentów.

A więc znów odczuwamy pragnienie, zaspokajamy je więc płynami itd. W rezultacie przybywamy na wadze, napełniamy się wodą, stajemy się ociężali, odczuwamy brak energii i sił.

JAKIE JEDZENIE, TAKI NASTRÓJ

Jak się okazuje, rafinowane produkty nie tylko szkodzą naszemu zdrowiu, ale również oddziałują na psychikę. Jeśli ktoś ma niezrównoważony charakter i jest nadpobudliwy w kontakcie z innymi, powinien przede wszystkim zmienić swój jadłospis i przejść na naturalne pożywienie – tak radzą indyjscy lekarze. Japończycy często żartują: „Jeśli małżonkowie dzień rozpoczęli od kłótni, niech pomyślą o tym, co jedli poprzedniego dnia".

Amerykańscy psychologowie twierdzą, że zmniejszenie w jadłospisie człowieka ilości cukru, mięsa i kawy obniża ich agresywność o 50%. Według nich, wniosek jest jeden – przestępczość, podobnie jak chorobę, należy leczyć naturalną dietą.

Nasi mądrzy przodkowie wiedzieli o tym znacznie wcześniej. Mądrość wschodnia głosi: „Bóg stworzył pożywienie, a diabeł kucharza". Czytelnik może pomyśli: jak żyć bez wędliny, białego pieczywa, kawy, cukierków, czekolady itp.? Natura podarowała człowiekowi ogromną różnorodność naturalnych produktów. Więcej fantazji! Jeżeli bardzo chcemy, to możemy czasami zjeść cukierka, ulubione ciastko, plasterek wędliny. „Trucizna" w niedużych ilościach nie jest szkodliwa.

DIETA PRZECIW RAKOWI

Co każdy powinien wiedzieć o wpływie odżywiania na powstawanie chorób onkologicznych?

W ostatnim czasie jest coraz bardziej zrozumiała ogromna rola odżywiania zarówno w powstawaniu, jak i w profilaktyce chorób nowotworowych.

Według danych Amerykańskiego Instytutu Badań nad Rakiem, nieracjonalne odżywianie staje się przyczyną rozwoju choroby u mężczyzn w 40%, a u kobiet w 60% przypadków. Substancje rakotwórcze, zawarte w pożywieniu, zwykle nie należą do silnie działających i powoli zatruwają organizm dzień po dniu.

Wielki Hipokrates mawiał: „Twoim lekarstwem powinno się stać pożywienie!".

Profilaktyka raka za pośrednictwem odżywiania jest możliwa przy zachowaniu dwóch podstawowych zasad:

1. Pokarm nie powinien zawierać substancji rakotwórczych, takich, które powodują powstawanie nowotworów złośliwych.
2. W pokarmie powinny się znajdować substancje, które chronią organizm przed rakiem.

Źródłem substancji rakotwórczych w naszym pożywieniu mogą być różne tłuszcze, przy czym niebezpieczeństwo wielokrotnie wzrasta przy spożywaniu nieświeżych lub przesmażonych tłuszczów. *Dlatego też nigdy nie powinniśmy zostawiać tłuszczu na patelni i wykorzystywać go wielokrotnie. W miarę możliwości unikamy smażonych produktów, na korzyść gotowanych i pieczonych. Zbędny tłuszcz z mięsa zawsze lepiej wykroić. Nie należy włączać do jadłospisu zbyt dużej ilości olejów roślinnych. Dwie łyżki stołowe dziennie to ilość całkowicie wystarczająca.*

Istnieją dane na temat tego, że tłuszcze niekorzystnie wpływają na system odpornościowy człowieka, a ich nadmiar sprzyja przemianie komórek w komórki rakowe. Wiadomo, że w miarę wzrostu poziomu życia w krajach niegdyś biednych (Japonia, Grecja, Włochy), w wyniku zwiększenia w jadłospisie ilości tłuszczu wzrosła tam zachorowalność na raka gruczołu mlekowego i jelita grubego.

Szczególnym zagrożeniem dla zdrowia są produkty wędzone, do których z dymu podczas wędzenia przedostają się substancje rakotwórcze i inne niebezpieczne związki. Te substancje zostały znalezione w kiełbasach, szynkach, polędwicy, boczku, szprotach, śledziach wędzonych „na zimno", a także w owocach suszonych dymem. Nieraz w 50 g kiełbasy wędzonej znajduje się taka sama ilość substancji rakotwórczych, jak w dymie z paczki papierosów lub w powietrzu, które mieszkaniec dużego miasta wdycha w ciągu 4 dni.

Wiele produktów zawiera azotany i azotyny. Te sole same z siebie nie są rakotwórcze, jednak w żołądku człowieka powstają z nich bardzo szkodliwe substancje. Azotany i azotyny mogą znajdować się w kiełbasach, niektórych konserwach mięsnych, w importowanych warzywach i owocach.

W pożywieniu należy stosować warzywa wyhodowane na otwartym gruncie (nie szklarniowe!) przy użyciu nawozów naturalnych, na przykład kompostów. Gotować warzywa zaleca się w dużej ilości wody, w żadnym wypadku nie spożywając wywaru z warzyw, o których uprawie nic nie wiemy.

Kiedy zapytano naukowca z Filadelfii, czy istnieje jakaś dieta przeciwrakowa, odpowiedział: "Tak! Trzeba po prostu mniej jeść". Zgadzają się z tą opinią właściwie wszyscy specjaliści. Jak wykazały masowe badania ludności, otłuszczenie wzmaga prawdopodobieństwo zachorowania na raka.

Jak powstrzymywać swój apetyt?

Jedzcie produkty, które powodują szybkie nasycenie: podsuszone pieczywo, fasolę, groch, rośliny strączkowe, smażone ziarna słonecznika, kasze.

SUBSTANCJE – OBROŃCY

Nasze pożywienie powinno zawierać składniki, zwiększające obronne właściwości organizmu, co pozwali mu przeciwstawiać się działaniu substancji rakotwórczych i innych szkodliwych związków.

Przede wszystkim są to witaminy, szczególnie A, C i E, a także B2 i PP. Wysokie stężenie witaminy C w organizmie także blokuje powstawanie substancji rakotwórczych z azotanów i azotynów. Witamina E chroni przed szkodliwym oddziaływaniem produktów utleniania tłuszczów. Witamina A sprzyja zabezpieczeniu przed różnymi postaciami raka.

W witaminę A jest bardzo bogata wątroba zwierząt i tran, w mniejszym stopniu zawierają ją jaja, masło śmietankowe, produkty mleczne. Karoten, który w organizmie człowieka przekształca się w witaminę A, można otrzymać z takich produktów roślinnych, jak marchew, czerwona papryka, pietruszka, szpinak, cebula. Jest on również w morelach, pomidorach, dyni oraz w innych owocach i warzywach o barwie żółtoczerwonej lub pomarańczowej.

Zażywając preparaty witaminy A, C i E należy wiedzieć, że ich nadmiar może przynieść organizmowi szkodę. Należy spożywać tylko naturalne witaminy. Najbardziej bogate w witaminę E są wątroba cielęca, nerki bydła rogatego, ziarna pszenicy, owsa, żyta, kukurydzy, groch, pietruszka, żółtko jaja kurzego, marchew, cebula.

Podstawowym źródłem witaminy C (kwasu askorbinowego) są warzywa, owoce, jagody i zielenina. Najwięcej witaminy C jest w owocach dzikiej róży, czarnej porzeczce, czerwonej papryce, chrzanie, pietruszce, koperku, rokitniku. Niemało kwasu askorbinowego znajduje się w owocach cytrusowych oraz w jabłkach (szczególnie antonówkach). W porze zimowej i wiosennej głównym źródłem witaminy C są dla nas ziemniaki, biała kapusta i kapusta kiszona, inne owoce, a także cytrusy i ich soki.

WŁÓKNISTY SOJUSZNIK

Angielski chirurg Barcket w czasie pracy w Afryce zauważył, że rak jelita grubego, rozpowszechniony w Europie, jest rzadko spotykany wśród ludności miejscowej, która spożywa znacznie więcej produktów włóknistych (celuloza, pektyny). Okazuje się, że są one swoistą, wewnętrzną miotłą jelita; sprzyjają szybkiemu usunięciu szkodliwych produktów, niszczą procesy gnilne i działalność bakterii, uczestniczących w powstawaniu substancji rakotwórczych. *Podstawowym źródłem włókien pokarmowych są chleb i mąki grubo mielone, kasze : gryczana, owsiana, jaglana, warzywa liściaste.*

Ważną rolę w profilaktyce raka odgrywają sole mineralne, zawierające magnez, wapń i selen. *W magnez bogate są rośliny strączkowe, pszenica, żyto, owies, gryka.* Znajduje się on również w wielu warzywach i owocach. *W wapń bogate są żółty ser i twaróg, fasola, marchew, kapusta. Najwięcej selenu wykryto w grochu i burakach.*

Istnieją dane, że substancje obronne znajdują się w niektórych grzybach: borowikach, opieńkach, a także w produktach otrzymywanych z soi.

Należy zaznaczyć, że żadna dieta nie daje absolutnej obrony przed rakiem, ale niewątpliwie może w znacznym stopniu obniżyć prawdopodobieństwo zachorowania na raka. Różnorodny, bogaty w naturalne witaminy jadłospis pozwoli organizmowi wybrać z pożywienia niezbędne dla niego substancje lecznicze.

I jeszcze jedno. Jak mówił doktor Gerzon (największy specjalista w dziedzinie leczenia raka): Rak to zemsta natury za nieprawidłowo spożywane posiłki. W 99% stanowi zatrucie własnymi toksynami i tylko 1% to nieodwracalne zmiany, które występują w organizmie. Są „ofiary" raka (tylko 1%) i są jego twórcy (99%), o tym każdy powinien wiedzieć.

CHOROBA NA TALERZU

Komisja Światowej Organizacji Zdrowia przeprowadziła badania w kilku klasztorach w Tybecie. W wyniku badań zostało stwierdzone, że spośród 90% mieszkańców, wśród których byli starcy – u 60% całkowicie nie stwierdzono próchnicy zębów, zaburzeń w pracy układu krwionośnego i pokarmowego, wszyscy oni, niezależnie od wieku, byli sprawni i prawie w 100% zdrowi. Analiza ich pożywienia wykazała, że odżywiają się bardzo skromnie, nie posiadają lodówek, kuchni gazowych, nie używają cukru, mięsa i rafinowanych produktów. Ich podstawowy jadłospis stanowią placki jęczmienne, tybetańska ziołowa herbata, czysta woda. Latem pożywienie wzbogacały rzepa, marchew, ziemniaki i trochę ryżu.

Według danych Światowej Organizacji Zdrowia, w takich najbardziej rozwiniętych krajach, jak USA, Niemcy, Francja, znajdujących się w czołówce pod względem spożycia mleka, mięsa i innych rafinowanych produktów, zdrowie ludności przedstawia się inaczej.

W Ameryce na trzy rodziny dwie cierpią na nowotwory, dwie osoby z pięciu cierpią na choroby sercowo-naczyniowe, z powodu których umierają. Odnotowuje się ogromną liczbę osób, cierpiących na cukrzycę. Przewlekłe choroby trapią 19% ludności, a więc cierpi na nie prawie co piąty mieszkaniec.

W Niemczech na cukrzycę cierpi 20% ludności, około 20% dzieci w wieku od 8 do 16 lat ma niedorozwój umysłowy i fizyczny. Na reumatyzm i zapalenie stawów choruje od 15 do 17% ludności.

Francja – alergia dotyka od 15 do 20% ludności, 450 tys. dzieci poniżej 18. roku życia cierpi na różne zaburzenia słuchu i wzroku, 1,5 miliona dzieci w wieku 6 lat choruje na astmę.

We wszystkich krajach wysoko uprzemysłowionych w ciągu ostatnich 25 lat odsetek noworodków z wrodzonymi schorzeniami się podwoił.

Wychodzi na to, że za pomocą widelca i łyżki sami sobie kopiemy grób.

ZDROWE ODŻYWIANIE

IV zasada zdrowia
ODŻYWIANIE

RAZEM CZY OSOBNO?

IV zasada zdrowia

ODŻYWIANIE

Świat roślinny i zwierzęcy oferuje człowiekowi olbrzymią różnorodność pożywienia. Zasadniczy problem polega na tym, by z tej całej różnorodności wybrać to, co naprawdę jest nam potrzebne i pożyteczne.

Jednym z najpoważniejszych błędów człowieka jest pogląd, że tylko maksymalnie urozmaicone pod względem doboru produktów pożywienie może utrzymywać organizm we właściwym stanie.

Teoretycznie urozmaicone, bogate w białko zwierzęce i węglowodany pożywienie powinno zapewniać zdrowie, a taki pokarm, niestety, jak się okazuje, staje się przyczyną chorób i cierpień.

Na przykład: jemy zupę, mięso z ziemniakami, potem wszystko popijamy słodkim kompotem lub zjadamy pomarańczę, banana bądź inny deser. Wszystkie te produkty wymagają różnego czasu do trawienia i potrzebują różnych soków żołądkowych. W żołądku tworzy się mieszanka nie do strawienia. Rozpoczyna się rozkład owoców, w wyniku którego powstaje alkohol i kwas octowy, a są to trucizny. Ziemniaki mieszają się z mięsem, tworząc silnie trującą substancję – solaninę. Wszystko to znajduje się w żołądku, gdzie jest ciemno i ciepło. (Proszę sobie przypomnieć, jak robi się wino domowe: rozdrabnia się owoce, wsypuje do naczynia i stawia w ciemnym miejscu, gdzie wszystko to zaczyna fermentować). Nic dziwnego, że po takim obiedzie pojawiają się gazy, bóle w żołądku, ociężałość w całym ciele itd.

Jeśli w organizmie zachodzi proces gnilny z powodu nieprawidłowego, zmieszanego pożywienia białkowego, to tworzy się siarkowodór (często przy spożyciu jaj ugotowanych na twardo), indol, fenol, czyli bardzo silne trucizny. Wszystkie te trucizny powinny być unieszkodliwione i wydalone z moczem. Jednak gdy „załadunek" mięsa odbywa się codziennie, organizm nie jest w stanie zneutralizować tej trucizny.

Powstają wtedy następujące choroby: schorzenia serca, nadciśnienie tętnicze, miażdżyca tętnic, cukrzyca, zakrzepowe zapalenie żył, astma, alergie.

Jeśli te dwa procesy, tzw. fermentacyjny i gnilny, zachodzą w organizmie człowieka, a dzieje się to u 50% ludzi (a nawet więcej), to można się spodziewać pojawienia się wszystkich wymienionych chorób, ze wszystkimi wynikającymi z tego skutkami, przy czym wiek już nie odgrywa decydującej roli. *I dlatego prawidłowe połączenie posiłków ma bardzo istotne znaczenie dla zdrowia człowieka.*

Wszystkie produkty można podzielić na: białka, węglowodany, tłuszcze, warzywa, owoce. Zasady spożywania tych produktów podano poniżej.

ZASADY SPOŻYWANIA BIAŁEK:

1. Jedzcie tłuszcze i białka w różnym czasie (o różnych porach); tłuszcze spowolniają proces trawienia białek o 2 - 3 godziny.
2. Obfitość zielonych warzyw neutralizuje działanie tłuszczów.
3. Jeśli spożywacie tłuszcz z białkiem (mięso smażone na oleju roślinnym), to należy jeść mięso z dużą ilością zielonych warzyw (ogórki, pomidory, cebula, kabaczki, szczypior).

4. Lepiej nie mieszać różnych rodzajów białek. Każde białko należy jeść oddzielnie, jeden rodzaj białka każdorazowo, np. tylko mięso lub tylko groch, albo tylko ryby.
5. Produkty białkowe lepiej spożywać na kolację bez oleju roślinnego i sosów, zawierających olej.

PRZYKŁADY

- sałatka warzywna + mięso gotowane
- sałatka warzywna + twaróg
- sałatka warzywna + jajecznica, gotowane jaja
- sałatka warzywna + szaszłyk
- sałatka warzywna + kotlety mięsne
- sałatka warzywna + orzechy
- sałatka warzywna + gotowany groch lub fasola
- sałatka warzywna + liście rzepy + duszony (pieczony) drób

6. Najlepiej mięso zapiekać w piekarniku, piec na grillu, w folii aluminiowej (we własnym sosie), lepiej niż smażyć na oleju i gotować.
7. Sałatka warzywna musi się znaleźć przed każdym pożywieniem białkowym.
8. Wiele osób narzeka, że nie może spożywać surowych warzyw. Dzieje się tak dlatego, że jedzą je w różnych połączeniach: z chlebem, kaszami, z majonezem, olejem, to znaczy bez żadnej zasady (systemu). Sałatka powinna być prosta, najlepiej, gdy zawiera 5 rodzajów warzyw różnego koloru.
9. Wiele warzyw, niestety, zawiera nukleidy promieniotwórcze, dlatego sałatki należy przyrządzać z warzyw wyhodowanych na własnej działce lub warzyw czystych ekologicznie. Jeśli nie mamy takich możliwości, to tych promieniotwórczych nukleidów możemy się pozbyć w następujący sposób:

Przed spożyciem należy warzywa wymoczyć w słonej wodzie przez 3 godziny bez dostępu światła. W ten sposób niszczy się do 40% radionukleidów. Co prawda w ten sposób częściowo pozbawiamy warzywa witamin, więc żeby to zrekompensować, polecam dodawać do takich sałatek świeżo przygotowany sok z kapusty, marchwi, buraków. (Przypominam, że podczas przygotowania soku wszystkie szkodliwe substancje pozostają w wytłokach. Soki nie są niebezpieczne).

10. Wszystkie kwasy, znajdujące się w kwaśnych owocach, przeszkadzają wydzielaniu soków żołądkowych i powodują gnicie w układzie pokarmowym. Dlatego absolutnie nie należy doprawiać mięsa kwaśnymi przyprawami (octem, sokiem z cytryny itp.).
11. Szczególnie chciałbym przestrzec przed mieszaniem mięsa z ziemniakami. Przy takim połączeniu w żołądku wytwarza się substancja zwana solaniną (trująca!), która oddziałuje na system nerwowy podobnie jak środek nasenny, dlatego właśnie po zjedzeniu mięsa z ziemniakami człowiek staje się leniwy, odrętwiały, ospały.
12. Rosoły mięsne (buliony): na strawienie mięsnego bulionu organizm zużywa 30 razy więcej energii, niż na trawienie mięsa. Produkty mięsne, jak już pisałem, zawierają ponad 40 różnych trujących substancji i podczas gotowania przechodzą one do bulionu. W ten sposób rosół gotowany na mięsie stanowi skondensowany wyciąg z martwego zwierzęcia. Z bulionów mięsnych lepiej całkowicie zrezygnować. Ponieważ białka zwierzęce nie są potrzebne człowiekowi w dużych ilościach, wystarczy spożywać mięso 2 razy w tygodniu, ryby 2 razy w tygodniu, drób 2 razy w tygodniu, a białka lepiej dostarczać, spożywając twaróg – 10 dag dziennie, orzechy i ziarna słonecznika.

13. Mięso i ryby należy zawsze spożywać świeżo przygotowane, nie pozostawiając na następny dzień.
14. Jeśli gotujecie mięso, to na 10 minut przed końcem gotowania należy dodać kawałek jabłka. Ryba będzie smaczniejsza, jeśli gotując ją, kilka razy dolejemy zimnej wody.
15. Zamienniki białek zwierzęcych: 10 dag orzechów całkowicie zaspokaja dobowe zapotrzebowanie na białko, 12 dag roślin strączkowych, zjedzonych w dwóch porcjach, jest znacznie cenniejsze niż 20 dag mięsa lub 30 dag ryby.

ZASADY SPOŻYWANIA WĘGLOWODANÓW

1. Nie należy jeść chleba, ziemniaków, kasz, cukru, miodu razem z owocami cytrusowymi i pomidorami, ponieważ niszczą one fermenty, niezbędne do trawienia węglowodanów.
2. Starać się jednorazowo spożywać jeden rodzaj węglowodanowych produktów. Na przykład: chleb, ziemniaki i słodkie ciastko, zjedzone razem, spowodują fermentację, ponieważ żołądek może przyjąć i strawić tylko jeden rodzaj skrobi.
3. Nie jedzcie chleba, ziemniaków, wyrobów mącznych, kasz z dżemami, cukrem, ponieważ zmieszanie ich ze sobą spowoduje fermentacjęw żołądku. Dlatego po zjedzeniu bułek drożdżowych, pączków z powidłami, dżemem, odczuwamy zgagę. Wyjątek stanowi miód.
4. Słodkie i suszone owoce można łączyć ze skrobiami: chlebem, kaszami, ryżem.
5. Kasze, chleb, ziemniaki i inne skrobie nie powinny być spożywane łącznie z mięsem, rybami, jajami, żółtym serem, twarogiem, tzn. pokarmem białkowym. Przerwa między spożywaniem węglowodanów i białek powinna wynosić przynajmniej 2 - 3 godz.

6. Skrobie należy spożywać tylko jednego rodzaju, np.kaszę bez chleba, groch bez chleba. Kilka rodzajów skrobi, zjedzonych jednocześnie, powoduje wzrost apetytu, co oznacza zwiększoną ilość zjedzonego pokarmu.
7. Trawienie skrobi rozpoczyna się już w ustach, dlatego pożywienie skrobiowe należy szczególnie dokładnie żuć.
8. Gatunki bezdrożdżowego pieczywa, kasza posiadają włókna roślinne, które oczyszczają układ pokarmowy. Spożywanie tych produktów ma działanie profilaktyczne przeciwko wielu chorobom.
9. Kaszę należy spożywać codziennie. Szczególnie korzystne dla zdrowia są kasze: gryczana, pszenna, kukurydziana, jęczmienna, ryż. Kasze powinny być ugotowane „na gęsto", bez dużej ilości wody. Kasze powinny stanowić 1/3 naszego codziennego posiłku.
10. Najlepiej spożywać kasze ugotowane metodą „z przerwą". Przykładowo, kaszę gryczaną gotujemy w następujący sposób: Kaszę należy przemyć, następnie zamoczyć na 3-4 godziny. W tej samej wodzie stawiamy ją na ogień i gotujemy 3-5 min. Następnie do kaszy wsypujemy drobno pokrojoną cebulę i szczelnie zawijamy, by nie traciła ciepła i „dochodziła" przez 15-30 min. Przed jedzeniem dodać masła lub oleju roślinnego. Jeśli taki sposób gotowania Państwa nie urządza z powodu słabego trawienia, proszę gotować kaszę metodą tradycyjną.
11. Pokarm skrobiowy zaleca się spożywać w dzień, w godzinach między 9 a 13.
12. Przed spożyciem skrobi koniecznie należy zjeść sałatkę warzywną.
13. Najlepiej przyrządzać sałatki z następujących warzyw: kapusty, marchwi, buraków, kopru, pietruszki, soli, przypraw, 40% kapusty, 30% marchwi, 20% surowego lub gotowanego buraka. Fermenty, znajdujące się w tych warzywach, pomagają strawić skrobię.

14. Proszę jeść skrobię i cukry w różnym czasie, np. nie dodawać cukru do wszelkiego rodzaju kasz (owsianek). Chleb można smarować miodem, ale dla zdrowia jest korzystniej rozpuścić go w ciepłej, przegotowanej wodzie i wypić.

ZASADY SPOŻYWANIA TŁUSZCZU

Tłuszcze zwierzęce: masło, śmietanka, śmietana, smalec.
Tłuszcze roślinne: oleje roślinne, większość orzechów.

1. Tłuszcze można mieszać z węglowodanami i warzywami.
2. Tłuszcze należy spożywać w ograniczonej ilości: 23-30g oleju roślinnego dziennie, 10-15g masła śmietankowego.
3. Szczególnie szkodliwe jest smażenie tłuszczów w temperaturze powyżej 150°C (taka temperatura jest na patelni podczas smażenia). W takiej temperaturze wszystkie tłuszcze, w tym i oleje roślinne, rozkładają się, zamieniając się w związki toksyczne.

   Kiedy smażymy w wysokiej temperaturze, to na obsmażonych produktach tworzy się „skórka", przypominająca polietylen. W szczególności znajdują się tam substancje rakotwórcze, a więc spożywanie takich produktów zwiększa ryzyko zachorowania na raka. Dlatego najlepiej tłuszcze spożywać w postaci niepodgrzanej, bezpośrednio przed użyciem.
4. Zaleca się oczyszczanie masła śmietankowego, przetapianie go. Przetopione masło nie podwyższa cholesterolu, nie jełczeje i może być bardzo długo przechowywane bez dodawania konserwantów.

OCZYSZCZANIE MASŁA Z DOMIESZEK

250g masła włożyć do garnka, zalać ciepłą przegotowaną wodą (250 ml) i gotować na małym ogniu przez 1 godzinę.

Następnie ostudzić i wstawić do lodówki. Po zastygnięciu masła zlać wodę. Poprzez gotowanie masła do wody przenikają wszelkiego rodzaju domieszki.

JAK SPOŻYWAĆ OWOCE?

1. Owoce należy spożywać oddzielnie, nie łączyć z innymi produktami (ponieważ łącząc się z innym pokarmem, powodują fermentację). Owoców najlepiej nie spożywać między posiłkami (oprócz jabłek) z tych samych powodów.
2. Można jeść owoce w niedużej ilości na 20 - 30 min przed posiłkiem.
3. Podczas karmienia chorych owocami H. Shelton radzi podawać słodkie i kwaśne owoce o różnych porach.
4. Cukru i miodu nie należy łączyć z grapefruitami i innymi owocami cytrusowymi.
5. Nie dodawać cukru do owoców. Starać się spożywać owoce sezonowe. Zimą należy jeść więcej owoców suszonych, latem owoców, pochodzących z najbliższych okolic.

Zimą i wiosną nie należy spożywać nadmiernej ilości owoców cytrusowych, bananów, pomidorów, ogórków. Wszystkie te owoce i warzywa zostały wyhodowane sztucznie. Owoce wyhodowane na sztucznych glebach spadają od razu, jak tylko dojrzeją, dlatego szybko gniją i psują się. Żeby tego uniknąć, poddaje się je działaniu różnych środków w celu wydłużenia terminu przechowywania. Jaką szkodę w organizmie powodują te środki, już wiemy.

„BIOINFORMACJA" W WARZYWACH I OWOCACH

Należy odżywiać się produktami wyhodowanymi w miejscu zamieszkania, a najlepiej zgodnie z sezonem. Chodzi o to, że każda roślina (owoce i warzywa) zawiera w sobie informację, która tworzy się w roślinie pod wpływem klimatu.

W gorącym klimacie roślina wytwarza przeciwne – chłodne właściwości płynu (soku). Arbuzy, melony, pomarańcze, mandarynki, banany, gdy je spożywamy, ochładzają nasz organizm. Zimą owoce cytrusowe lepiej więc jeść w niedużych ilościach. Latem lepiej jeść miejscowe owoce: truskawki, maliny, jabłka, wiśnie, czereśnie, gruszki, tzn. owoce, które rosną w naszym regionie. Jeśli marchew, pietruszkę, jabłka, gruszki, morele, śliwki, zebrane latem, wysuszy się na słońcu, to zimą można je moczyć w „topionej" wodzie i dodawać do jarzynowych i owocowych zup i kasz. Na dodatek przez cały rok będziemy otrzymywać 100% witamin, znajdujących się w tych warzywach czy też owocach.

Rośliny, które rosną w chłodnych warunkach klimatycznych, wytwarzają w sobie przeciwne – rozgrzewające właściwości. Rośliny zbożowe, orzechy, pestki słonecznika, pestki dyni, rośliny okopowe (korzeniowe), gdy je spożywamy, rozgrzewają nasz organizm. Wniosek nasuwa się sam: *latem należy spożywać więcej warzyw i owoców, które ochładzają organizm, a zimą więcej kasz i owoców suszonych, rozgrzewających organizm.*

Wszystkie procesy w organizmie są oparte na naturalnym prawie przeciwieństw: parzystości (lewa i prawa ręka, lewa i prawa półkula mózgowa itd.). W naszym organizmie znajdują się dwa bardzo ważne pierwiastki – to sód i potas. Posiadają różne właściwości i różnie (każdy inaczej) działają na wymianę płynów w organizmie (gospodarkę wodną). *Proporcja między tymi pierwiastkami powinna wynosić: Na: K – 1:20.* Zaburzenie równowagi w jedną czy drugą stronę zakłóca procesy życiowe w organizmie. Dlatego należy szukać „złotego środka". *Jeśli twierdzicie, że puchniecie, odczuwacie nadmiar wody w organizmie, powinniście spożywać produkty z dużą zawartością potasu: groch, kabaczki, zielony groszek.*

Jeśli na odwrót, to starajcie się jeść więcej produktów, które zatrzymują wodę w organizmie (oliwa, dynia, gruszki, maliny, porzeczki, marchew, jabłka, morele, pomidory, kasza jaglana, kasza gryczana, owies). Idealną proporcję sodu i potasu posiadają: ziemniaki, czereśnie, ogórki i kapusta.

W porze letniej śniadania lepiej przygotowywać z owoców, ponieważ są one bogate we wszystkie niezbędne dla organizmu pierwiastki, czynią krew zasadową, dają olbrzymią ilość energii i nie potrzebują jej dużo na strawienie pokarmu.

Spożywając owoce, najlepiej przestrzegać następujących połączeń:

- wiśnie, morele,
- wiśnie, morele, śliwki,
- brzoskwinie, morele,
- jabłka, winogrono.

Wiosną i latem bardzo smaczną sałatkę można przyrządzić z sezonowych owoców: śliwek, moreli, wiśni, czereśni, dodając do nich sałatę, seler i inne warzywa, według własnego uznania i smaku.

JAK SPOŻYWAĆ DESERY?

Desery są jedzone pod koniec posiłku (po posiłku zasadniczym), zazwyczaj po tym, jak człowiek się już nasyci. Do deserów należą: ciastka, lody, słodkie owoce, cukierki, herbatniki itp. Wszystkie desery bardzo źle łączą się z innymi rodzajami pokarmów. Dostając się do już przepełnionego żołądka, hamują zachodzące w nim procesy trawienia. Stają się przyczyną fermentacji w układzie pokarmowym, stąd wniosek: unikajcie deserów!

Jeżeli chcecie zjeść kawałek ciasta, proszę go spożywać z dużą ilością surowych warzyw i nic więcej nie jeść.

Jeśli chcecie zjeść lody, to proszę je spożywać oddzielnie, po czym w ciągu 2 - 3 godzin nic już więcej nie jeść.

Chłodne desery: lody, słodkie napoje chłodzące schładzają przylegające do żołądka organy, co utrudnia ich ukrwienie, powodując skurcze. Fermenty pokarmowe są aktywne w temperaturze + 37°C, dlatego każde chłodne pożywienie najpierw się ogrzewa, a następnie ulega trawieniu, na co nasz organizm traci dodatkową ilość energii.

Lody i napoje chłodzące są przyczyną pojawienia się gazów i torbieli u kobiet oraz zapalenia prostaty u mężczyzn. Dlatego radzę spożywać te produkty bardzo sporadycznie i najlepiej w ciepłych porach roku.

Żeby ułatwić czytelnikom łączenie produktów, proponuję korzystać z podanych tabelek 1 lub 2 (str. 122, 123).

Tabela 1

Łączenie produktów żywnościowych

BIAŁKO	TŁUSZCZE I PRODUKTY „ŻYWE”	WĘGLOWODANY
Mięso, ryby jaja, rosoły, bakłażany, grzyby, fasola, bób, orzech, ziarna słonecznika	Smalec, masło, olej i in. zielenina, owoce suszone, warzywa (oprócz ziemniaków), soki, jagody, arbuzy, wino wytrawne	Pieczywo, kasze, ziemniaki, cukier, miód

można łączyć (BIAŁKO – TŁUSZCZE I PRODUKTY „ŻYWE”)

można łączyć (TŁUSZCZE I PRODUKTY „ŻYWE” – WĘGLOWODANY)

Połączenie niebezpieczne dla zdrowia (BIAŁKO – WĘGLOWODANY)

Jeśli zasłonią Państwo lewą ręką część tabeli, to otrzymamy listę artykułów spożywczych, które można mieszać ze sobą w dowolnych proporcjach przy pokarmie węglowodanowym. Natomiast jeśli zakryjemy prawą część tabeli to otrzymamy listę artykułów pokarmu białkowego. Przerwa między spożywaniem jednego i drugiego posiłku powinna być nie mniejsza niż dwie godziny.

Na początku taki podział wydaje się trochę trudny do zaakceptowania. Wiele osób denerwuje to, że muszą rezygnować z pieczywa, ziemniaków lub kaszy, jeśli zachciało im się zjeść mięso. Ale mówi się, że zdrowie jest droższe.

Tabela 2

Łączenie produktów żywnościowych

Nazwa produktu	Najlepsze połączenie	Najgorsze połączenie
Mięso (wszystkich rodzajów)	zielone warzywa	mleko, skrobia, słodycze inne białka, kwaśne owoce, olej, masło śmietankowe, śmietana
Skrobia (chleb, ziemniaki)	zielone warzywa, tłuszcze zwierzęce i roślinne	wszystkie białka, wszystkie owoce, cukry, kwasy
Zielone warzywa	wszystkie białka wszystkie produkty skrobiowe	mleko
Orzechy (większość rodzajów)	zielone warzywa, kwaśne owoce	mleko, skrobia, słodycze, inne białka, masło śmietankowe, olej roślinny
Jaja	zielone warzywa	mleko, skrobia słodycze, inne białka, kwaśne produkty, olej roślinny
Mleko	spożywać oddzielnie można z kwaśnymi owocami	wszystkie białka, zielone warzywa, produkty skrobiowe
Tłuszcze zwierzęce	wszystkie rośliny zbożowe	wszystkie białka
Melon (wszystkie rodzaje)	zawsze spożywać oddzielnie	wszystkie produkty
Rośliny zbożowe (pszenica, żyto, owies)	zielone warzywa	kwaśne owoce, wszystkie białka, wszystkie słodycze, mleko
Rośliny strączkowe	zielone warzywa	wszystkie białka, wszystkie słodycze, owoce (wszystkie rodzaje), masło śmietankowe, śmietana
Owoce niekwaśne i półkwaśne	kwaśne mleko	kwaśne owoce, skrobia, białko, mleko

ENERGIA SMAKÓW

W świecie produktów jest tylko 6 smaków. Od ich umiejętnego łączenia zależy, co się wytworzy w naszym organizmie: energia i zdrowie czy choroby i zbędny tłuszcz.

SMAK POŻYWIENIA

Spożywając produkty rzadko myślimy o tym, że pożywienie o różnych smakach różnie wpływa na nasz organizm. Smak pożywienia mówi o szczególnych właściwościach energii w nim zawartej. Język, jako organ smaku, pozwala nam rozpoznać tę energię. Istnieje sześć podstawowych smaków: słodki, kwaśny, słony, gorzki, cierpki, ostry.

1. Słodki – wzmacnia siły w całym ciele, sprzyja zwiększeniu masy ciała, nadmiar słodkiego powoduje śluz, otłuszczenie, obniża zdolność organizmu do wytwarzania ciepła. *Jeśli w jadłospisie znajduje się dużo produktów o słodkim smaku, to człowiek staje się leniwy, obojętny, gruby.*

2. Kwaśny – posiada działanie orzeźwiające, pobudza apetyt, sprzyja zatrzymywaniu płynów w organizmie, wzmaga właściwości intelektualne, reguluje procesy trawienne organizmu. Nadmiar kwaśnego smaku pogarsza skład krwi, prowadzi do owrzodzeń, podrażnień skóry, zgagi. *Jeśli w jadłospisie znajduje się dużo produktów kwaśnych, to człowiek staje się nadpobudliwy, rozdrażniony, wybuchowy.*

3. Słony – posiada właściwości oczyszczające, usuwa pleśń, poprawia apetyt, ułatwia trawienie pokarmu, zatrzymuje płyny w organizmie, powoduje usuwanie śluzu i soków żołądkowych. Starożytni Grecy po jedzeniu zawsze ssali kryształki soli i wypluwali tworzącą się słoną ślinę. Sól w tłumaczeniu oznacza „słońce", ona za pośrednictwem swojego smaku rozpala w naszym organizmie „ogień trawienny", to znaczy stymuluje działanie wszystkich fermentów. Dostając się do krwi razem z sokiem żołądkowym, rozchodzi się po całym organizmie, rozpuszczając stare, chore komórki rakowe i chorobotwórcze, nie ruszając przy tym komórek zdrowych. Najnowsze badania wykazały, że w wieku do 1 roku w naszym organizmie jest zaledwie 1% starych komórek, w wieku 10 lat 7%, a w wieku 50 lat 40%. Innymi słowy człowiek w wieku 50 lat żyje tylko w 60% swoich możliwości, to znaczy równo w takim stopniu, ile w jego organizmie pozostało młodych komórek. Żeby zwiększyć liczbę młodych, zdrowych komórek, a zmniejszyć liczbę starych i chorych, należy spożywać naturalne produkty o słonym smaku.

Dlatego zalecam po każdym posiłku wziąć na język 2-3 kryształki soli, possać i wypluć ślinę.

4. **Gorzki** – poprawia apetyt i trawienie, ogrzewa ciało, stymuluje wydalanie płynów z organizmu, oczyszcza ciało, rozrzedza krew. *Spożywanie gorzkich produktów sprzyja oczyszczaniu organizmu, chudnięciu.* Nadmiar gorzkiego smaku powoduje utratę sił, wywołuje poczucie strachu, niepotrzebne zdenerwowanie.

5. **Cierpki** – posiada właściwości wysuszające, wysusza ropę, krew, sprzyja gojeniu się ran, poprawia kolor skóry.

6. **Ostry** – normalizuje funkcjonowanie układu żołądkowo-jelitowego, poprawia apetyt.

Wykorzystując w pożywieniu łączenie produktów o różnych smakach, można oddziaływać na wiele procesów, zachodzących w naszym organizmie.

W przypadku ciągłego marznięcia należy podczas jednego posiłku spożywać produkty, posiadające smak gorzki i kwaśny. Związek tych smaków ogrzewa ciało i sprzyja chudnięciu. Łącząc kwaśny i słony smak będziemy odczuwać ciepło w ciele, ale przybierać na wadze. Jeśli chcemy zwiększyć „lekkość" ciała, stać się bardziej sprawnym fizycznie, ruchowo, spożywamy produkty o smakach gorzkim i cierpkim. Przybranie na wadze ułatwia spożywanie produktów o smakach: słony + słodki, słodki + kwaśny. W pierwszym wypadku narasta tkanka tłuszczowa, w drugim – rozrastają się mięśnie.

Jedzenie o smaku gorzkim i cierpkim sprzyja zwiększeniu energii. Te smaki powinny spożywać osoby z niskim ciśnieniem krwi, cierpiące na złą cyrkulację krwi.

Pożywienie posiadające smak słodki i słony zmniejsza energię w organizmie, dlatego też podobny pokarm może być stosowany jako środek przeczyszczający.

SMAKI PRODUKTÓW

Cukier, miód, mleko, śmietanka, masło, pieczywo pszenne, owoce, warzywa, rośliny strączkowe mają słodki smak. Owoce cytrusowe mają smak kwaśny i słodki. Warzywa z zielonymi liśćmi mają smak cierpki. Kefir, żółty ser, twaróg są kwaśne lub ostre (w zależności od gatunku). Orzechy i ziarna słonecznika mają słodki smak (smażone ziarna – gorzki). Gruszki, kapusta, ziemniaki mają cierpki smak. Gorzki smak posiadają gorzkie warzywa, ogórki, skórka cytrynowa. Ostry smak jest w cebuli, czosnku i ostrej papryce strączkowej, rzodkiewce, rzepie, wszystkich przyprawach. Słony smak ma sól.

Istnieje taka różnorodność produktów, że opisanie ich smaków wydaje się niemożliwe. Sądzę, że zasada określania smaku jest już zrozumiała.

Każdy smak produktu stymuluje określony organ w naszym ciele: smak kwaśny – wątrobę, słony – nerki, gorzki – serce, słodki – trzustkę, ostry – płuca, cierpki – jelito grube.

Osoby o dobrym samopoczuciu powinny starać się spożywać produkty zawierające wszystkie sześć smaków, bez nadużywania któregokolwiek z nich. Takie spożywanie pokarmów będzie harmonijnie stymulować energię organizmu. W przypadku przybierania na wadze, łączenie i dobieranie smaków może zahamować ten proces. Należy pamiętać, że podczas przygotowywania potraw produkty zmieniają swój smak. Cebula ma pierwotnie smak ostry, ale po smażeniu lub gotowaniu nabiera smaku słodkiego. Jeśli poznamy tajemnicę wpływu poszczególnych smaków na organizm, bez żadnego problemu, w zależności od potrzeb, można będzie chudnąć lub tyć.

WEWNĘTRZNY OGIEŃ

Z wiekiem nasze trawienie słabnie. Będąc dorosłymi z rozrzewnieniem wspominamy, że dawniej jedliśmy wszystko. Teraz coraz częściej odczuwamy jakieś „sensacje" żołądkowe, ociężałość w całym ciele, zaburzenia w układzie pokarmowym.

Złe trawienie to główne źródło chorób, jak mówi mądrość Wschodu.

Zgodnie z naukami Wschodu, w organizmie człowieka istnieje „ogień trawienny". Jeśli ten „ogień" dobrze, jasno się pali (w młodości), to pokarm jest trawiony dobrze, bez pozostawania trujących resztek. Komórki ciała otrzymują wszystko, co jest im niezbędne, a organizm jest zdrowy.

Jeśli „ogień" osłabł (z wiekiem), to pokarm jest trawiony niecałkowicie, powstaje wiele toksycznych resztek i człowieka mogą dotknąć wszelkie choroby. Żeby wzmocnić gasnący „ogień trawienny", należy dodawać do pokarmów przyprawy: czarny pieprz, czerwoną paprykę, kardamon, cynamon, goździki, musztardę (gorczycę), chrzan, imbir, sól.

Spożywanie wymienionych produktów w niewielkich ilościach przed, podczas jedzenia lub po jedzeniu pobudza apetyt, wzmaga zdolności trawienne organizmu. Dawniej przyprawy korzenne były w Europie cenione jak złoto. Przyprawy koniecznie należy stosować w chłodnych porach roku. Szczególnie zaleca się je osobom w podeszłym wieku oraz osobom ze zmniejszonym trawieniem. Żeby zwiększyć zdolności trawienne organizmu, należy dodawać do posiłków, a także do herbaty, trochę sproszkowanego imbiru. *Według teorii Wschodu, imbir to najlepszy produkt, który pozwala odtworzyć zdolność organizmu, odpowiednio trawić pokarm.*

KURACJA IMBIROWA

W celu polepszenia zdolności trawiennych organizmu starożytni dietetycy zalecali stosowanie specjalnej kuracji imbirowej.

W niedużym emaliowanym lub ceramicznym naczyniu należy rozetrzeć cztery łyżki stołowe sproszkowanego imbiru i zmieszać z przetopionym masłem (mniej więcej 100-150g), mieszając, aż do uzyskania jednolitej masy. Następnie naczynie należy przykryć pokrywką i odstawić w chłodne miejsce.

Mieszankę tę należy spożywać codziennie przed śniadaniem. A samo śniadanie powinno się składać z następujących produktów: ciepła herbata ziołowa, lekko duszone warzywa (koniecznie na ciepło), jakaś kasza na gorąco.

Pierwszy dzień	0,5 łyżeczki od herbaty	Dziesiąty dzień
Drugi dzień	1 łyżeczka od herbaty	Dziewiąty dzień
Trzeci dzień	1,5 łyżeczki od herbaty	Ósmy dzień
Czwarty dzień	2 łyżeczki od herbaty	Siódmy dzień
Piąty dzień	2,5 łyżeczki od herbaty	
Szósty dzień	2,5 łyżeczki od herbaty	

W siódmym dniu należy zmniejszyć dawkowanie o 0,5 łyżeczki, tak by w dziesiątym dniu spożyć, tak jak na początku, 0,5 łyżeczki od herbaty.

Po przeprowadzeniu wyżej opisanej diety (kuracji), doprowadzą Państwo swój „ogień trawienny" do normy.

Podczas kuracji nie należy spożywać produktów o silnych właściwościach chłodzących, takich jak: lodowata woda, lody, schłodzone mleko, mrożone owoce i jagody itp.

Kuracja imbirowa jest szczególnie zalecana osobom starszym, u których w sposób naturalny zgasł „ogień trawienny". Osobom młodym i ludziom w średnim wieku, którzy zaburzenia trawienne mają spowodowane innymi przyczynami, nie zaleca się stosowania tej diety (kuracji).

BIORYTMY I ODŻYWIANIE

Starożytni mędrcy zauważyli, że w ciągu doby można wyróżnić trzy okresy, konsekwentnie następujące po sobie, z których każdy trwa 4 godziny. Wszystkie te okresy występują w zależności od położenia Słońca w stosunku do Ziemi.

Pierwszy okres – od godz. 6.00 do 10.00 – to okres spokoju. Wschodzi słońce, ranek jest spokojny. W tym czasie organizm jest spokojny, zaczyna się budzić. Organizm wypoczął podczas snu, nie potrzebuje dopływu energii, dlatego nie ma sensu obciążać go obfitym śniadaniem. Wystarczy na śniadanie wypić szklankę soku owocowego lub warzywnego i zjeść jedno warzywo lub owoc. Każdy pokarm, oprócz soków, oddaje swoją energię po 1,5 - 2 godzinach. Rano racjonalniejsze jest spożywanie produktów łatwo przyswajalnych, które są bogate w energię i nie potrzebują wiele czasu na strawienie. Warzywa, owoce lub ich soki są najodpowiedniejszym pożywieniem na śniadanie.

Drugi okres rozpoczyna się od godziny 10.00 i trwa do 14.00. Ten okres charakteryzuje się wysokim położeniem słońca. W tym czasie jesteśmy szczególnie głodni i jest w nas najsilniejszy (zgodnie ze słońcem) „ogień trawienny". Wtedy mniej więcej od godz. 11.00 do 14.00 należy zjeść najbardziej obfity posiłek. Najlepiej, by to był pokarm skrobiowy z dodatkiem warzyw. Taki posiłek daje nam maksymalną dawkę energii, która jest niezbędna w drugiej połowie dnia.

Trzeci okres – od godz. 14.00 do 18.00. Słońce ogrzało ziemię i powietrze, podnosi się wiatr, wszystko zaczyna się poruszać. U człowieka to okres największej aktywności ruchowej, największej wydajności w pracy. Następnie okresy się powtarzają od 18.00 do 22.00, od 22.00 do 2.00 i od 2.00 do 6.00 rano. Wieczorem między 18.00 a 20.00 należy zjeść lekką kolację. Słońce się obniża i „ogień trawienny" maleje. Najlepiej zjeść pokarm białkowy, żeby białko było korzystnie przyswojone, warzywa.

Jak wynika z biorytmów, najlepszy okres udawania się na nocny spoczynek to czas do godz. 22.00. Jeśli nie położymy się spać w tym czasie, to zaczyna się powtórzenie drugiego okresu. Nasze organy też żyją według swojego „rozkładu", rano i w porze obiadowej są aktywne organy trawienne, a wieczorem i nocą wydalnicze. *Spożywanie pokarmów na noc narusza ten rytm, część energii musi być „przerzucona" do organów trawiennych. Pokarm jest trawiony niecałkowcie, tworzą się „śluz", toksyny i tłuszcz. Zakłócona jest praca organów trawiennych, pojawia się bezsenność. Jeśli budzimy się w trzecim okresie (przed 6.00 rano), to cały dzień będziemy aktywni. Jeśli w pierwszym (od 6.00 do 10.00), to cały dzień czujemy się rozbici. Pamiętajmy o przysłowiu: „Kto rano wstaje, temu Pan Bóg daje".*

GATUNKOWE ODŻYWIANIE

Większość z nas odżywia się bez żadnego, wypracowanego systemu, byle było smacznie, szybko i dużo. Nasz organizm nie jest w stanie strawić i wydalić takich ilości jedzenia, a my obciążamy go coraz to nowymi i nowymi porcjami.

Im więcej spożywamy, tym większą odczuwamy potrzebę jedzenia. Zdrowe odczucie apetytu zostało zamienione na ogromne, stałe uczucie głodu. Puchniemy od nadmiaru wody i soli, nasze figury stają się kulopodobne, bezkształtne. Sterczący brzuch przeszkadza w zawiązywaniu sznurowadeł. Nasz biedny kręgosłup nienaturalnie wygina się pod olbrzymim ciężarem ciała. Zmęczone serce ledwo pompuje gęstą, zanieczyszczoną kwasami krew. Z żalem i goryczą zauważamy, że nasze dzieci i wnuki są agresywne, leniwe i chore. Szczycimy się przedłużeniem średniego okresu życia, chociaż wiele osób nie przeżywa połowy czasu ofiarowanego przez naturę. Gwałtownie szukamy objaśnienia tego zjawiska, a wynika ono z naszego przyzwyczajenia do nieprawidłowego odżywiania się.

W ciągu ostatnich lat uczeni starannie badali materiały dotyczące sposobu odżywiania się przez naszych przodków i studiowali dane o ich chorobach. Badania wykazały, że przez większość czasu, w którym zachodziła ewolucja człowieka, żywił się on głównie prostym pokarmem roślinnym.

W starożytnym opracowaniu kabalistycznym, poświęconym ówczesnym dynastiom i pochodzeniu pokoleń, znaleziono wyjaśnienie, dlaczego ludzie zamieszkujący ziemię przed potopem żyli tak długo, po 500 - 700 lat. Tajemnica polega na tym, że żywili się wyłącznie płodami ziemi i pili tylko wodę. Po potopie potomkom Noego pozwolono jeść mięso i pić wino – to stało się przyczyną skrócenia życia człowieka. Ciągle rosnący poziom techniki zmienił warunki życia człowieka, ale nie zmienił jego genów.

Obecnie istnieje 12 najpopularniejszych systemów odżywiania. Wiele z nich jest trudnych do realizacji i głównie odpowiadają mieszkańcom tych rejonów, gdzie zostały stworzone. Nawet taki popularny system, jak odpowiednie dzielenie pokarmu, którego twórcą jest H. Shelton, powstał w Ameryce i zupełnie nie odpowiada mieszkańcom Europy. Wiele współczesnych systemów żywieniowych jest sprzecznych (wykluczają się nawzajem), ponieważ za podstawowe kryterium uważa się kaloryczność produktów, a przecież już wiemy, że kaloryczny pokarm nie ma znaczenia, ponieważ większość kalorycznego pokarmu stanowią puste kalorie, których organizm nie może przyswoić.

Tworząc system żywieniowy, który chciałbym Państwu zaproponować, opierałem się na czterech istniejących systemach: wegetariańskim Hipokratesa, mikrobiotyki i modyfikacji M. Kusi, systemie żywienia jogów oraz systemie oddzielnego żywienia H. Sheltona.

Pierwsze trzy systemy są bardzo stare i istnieją już tysiące lat. W ciągu tego czasu podstawowe założenia tych systemów właściwie nie ulegały zmianie, w odróżnieniu od współczesnych teorii żywieniowych, a więc są sprawdzone.

Jeśli ze wszystkich tych systemów wziąć tylko najkorzystniejsze, to otrzymamy system oparty na odżywianiu, uwzględniającym rodzaj pokarmów. Przejście na systemowe spożywanie produktów wiedzie do rychłej poprawy zdrowia. Ten system jest odpowiedni dla chorych i zdrowych, dorosłych i dzieci, silnych i słabych, jest on oparty na fizjologicznych zasadach działania układu pokarmowego w naszym organizmie, przy czym uwzględnia indywidualne cechy każdego człowieka.

Ponieważ każdy człowiek jest indywidualnym przypadkiem, to spożywanie jednakowych pod względem kaloryczności produktów daje całkowicie różne wyniki. Jedni spożywają słodycze kilogramami i są szczupli, inni tyją nawet po spożyciu jednego kawałka czekolady.

Jednak istnieje system, który mógłby rozwiązać wiele problemów żywieniowych. To system gatunkowy (rodzajowy). Jest on zapożyczony od przyrody i opiera się na indywidualnych cechach człowieka. W przyrodzie każdy typ zwierzęcia spożywa określony rodzaj pożywienia, a więc: tygrys żywi się mięsem, a zając marchewką, przy czym wcale jej nie obiera ze skórki. Takie są prawa przyrody. Przykładowo: gdyby pyton (lub inny boa) połknął nieżywego, obdartego ze skóry, podzielonego na części dla wygody królika, jego proces trawienia byłby zakłócony.

ZE SKÓRĄ I PESTKAMI

W naturze istnieje zasada „samotrawienia". Polega ona na tym, że trawienie pokarmu w 50% odbywa się przy udziale fermentów, które znajdują się nie w sokach żołądkowych „konsumenta", ale w tkankach samej „ofiary", którą może być roślina lub zwierzę. Sok żołądkowy tylko „uruchamia" mechanizm samotrawienia. W wyniku tego procesy trawienia, przyswajania i wydalania są przyspieszane.

Dlatego właśnie wszystkie naturalne produkty roślinne zaleca się spożywać ze skórką i z pestkami (jeśli są). Spożywanie ziemniaków w łupinach o 30 razy zwiększa ich wartość i pięciokrotnie zwiększa czas trawienia. *Przyroda, tworząc naturalne produkty, wprowadziła do nich naturalny kod, hasło (bioinformację). Układ trawienny posiada wyjątkową zdolność odczytywania tego kodu, tracąc przy tym niewiele energii na proces trawienia.*

Proszę sobie przypomnieć kostkę Rubika. Gdy się zna hasło (kod), to w błyskawicznym tempie, w parę sekund, można ją ułożyć, jeśli nie zna się zasady, potrzeba dużo czasu i wysiłku.

To samo dzieje się w organizmie. *Upraszczając, dla określonego typu człowieka istnieje określony typ pokarmu. Można narzucić organizmowi jeden sposób odżywiania się, ale jeśli on nie odpowiada jego typowi, człowiek będzie słaby i chory.*

Wiele osób niejednokrotnie zadawało sobie pytanie, dlaczego spożywając pożywienie, które zawiera taką samą ilość kalorii, jedni tyją, a inni nie. Często obiad, który odpowiada mamie, może być całkowicie niedobrym posiłkiem dla córki i wręcz niebezpiecznym dla zdrowia ojca.

Współczesna nauka o odżywianiu rozpatruje pożywienie z punktu widzenia kalorii, których ono dostarcza podczas trawienia (to znaczy spalania). Starożytnych dietetyków kalorie nie interesowały. Głównym kryterium dla nich była energia i informacja zawarta w pożywieniu oraz to, jak one wpływają na organizm. Na przykład jabłko i zimą, i latem ma taką samą ilość kalorii, ale co innego jest zjeść jabłko w upalne lato, a co innego w mroźną zimę. Po zjedzeniu tego samego produktu będziemy mieć zupełnie różne odczucia (zazwyczaj zimą ludzie źle znoszą jabłka: bóle żołądka, gazy itp.). Z pozycji kaloryczności jest trudno wyjaśnić to zjawisko, ale z punktu widzenia starożytnych dietetyków – łatwo. Jabłko posiada w sobie informację o lecie, a energia, którą zawiera, powinna nasycać wilgocią i orzeźwiać (ochładzać) organizm. Dzięki swojemu słodkiemu lub kwaśnemu smakowi jabłko także chłodzi. Według teorii starożytnych dietetyków, każdy produkt gromadzi w sobie informację o miejscu, w którym rósł, dojrzewał, o smaku, kolorze, według parametrów ciepło - chłód, wilgoć - suchość itp.

Jak Państwo widzą, nasi przodkowie patrzyli na sedno zagadnienia i dlatego pożywienie dla nich było lekarstwem, a zamiast lekarstwa wykorzystywali pożywienie. Pozostaje tylko ubolewać nad tym, jak współczesna nauka o odżywianiu zawęziła nasze spojrzenie na pożywienie, które jest podstawą naszego życia. Według zdolności przyswajania produktów starożytni dietetycy podzielili ludzi na trzy typy: X (wiatr), Y (żółć) i Z (śluz).

CECHY ZEWNĘTRZNE OSÓB TYPU X

1. Drobna kość, osoba szczupła, niewysokiego lub wysokiego wzrostu, mizerna, ciągle marznie, z natury bojaźliwa.
2. Drobna, cienka dłoń, w dotyku chłodna i sucha.
3. Ruchy ciała szybkie, lekki chód, powiewny.

FIZJOLOGICZNE WŁAŚCIWOŚCI ORGANIZMU

1. Pomimo normalnego odżywiania, nie przybiera na wadze, ma problemy z trawieniem.
2. Sen szybki, powierzchowny.

WŁAŚCIWOŚCI PSYCHICZNE I UMYSŁOWE (intelektualne)

1. Pogoda ducha, żywotność.
2. Szybko chwyta informacje, ale i szybko je zapomina.
3. Łatwo wchodzi w relacje, kontakty z innymi. komunikatywny.

JAKIE POŻYWIENIE LUBI?

Ciepłe, oleiste (tłuste), lubi dobrze zjeść.

PORY ROKU

1. Lubi ciepłe pory roku.
2. Źle znosi chłodne pory roku: zimą skóra staje się sucha.

MOŻLIWE DOLEGLIWOŚCI:

Suchość skóry, zaparcia, bóle stawów i kości.

NAJKORZYSTNIEJSZE DLA ZDROWIA PRODUKTY:

kasze: ryż, pszenica, jęczmień, kukurydza, gryka;
produkty mleczne: wszystkie rodzaje, ale należy jeść z umiarem;
cukry: miód, cukier, dżemy, powidła;
oleje roślinne: każdy rodzaj;

owoce: wszystkie słodkie owoce, melony, arbuzy;
warzywa: buraki, marchew, szparagi, ziemniaki, ogórki, cebula; warzywa zaleca się spożywać na surowo;
orzechy: wszystkie rodzaje;
produkty zwierzęce: wołowina, wieprzowina, mięso królika, kaczka, ryby, mięso kury, jaja;
przyprawy: cebula, czosnek, imbir, cynamon, czarny pieprz, kminek, sól, gorczyca (musztarda);
zupy: z pokrzywy, z czosnku, mięsne buliony.

CECHY ZEWNĘTRZNE OSÓB TYPU Y

1. Średnia budowa ciała, włosy rudawe cienkie lub siwe, łysina, posiada „trzeźwy" umysł.
2. Dłoń średniej wielkości, w dotyku ciepła, przyjemna.
3. Ruchy spokojne, chód normalny, płynny.

FIZJOLOGICZNE WŁAŚCIWOŚCI ORGANIZMU

1. Dobre trawienie, ale jeśli nie zje o właściwej porze, czuje się rozdrażniony.
2. Sen normalny. Często ma widzenia senne.

PSYCHICZNE I UMYSŁOWE WŁAŚCIWOŚCI ORGANIZMU

1. Stara się być dokładny i zorganizowany.
2. Informację zapamiętuje różnie – czasem bardzo dobrze, a czasem z trudem.
3. Łatwo się denerwuje z błahych powodów.

JAKIE POŻYWIENIE LUBI?

Chłodne, je w miarę.

PORY ROKU

Źle znosi upał, latem szybko się męczy. Lubi wiosnę, ciepłą jesień, a także ciepłą, wilgotną pogodę.

MOŻLIWE DOLEGLIWOŚCI:
Różnorodne zapalenia z podwyższoną temperaturą, choroby układu pokarmowego, wątroby, zgaga, niepokój i rozdrażnienie.

PRODUKTY NAJKORZYSTNIEJSZE DLA ZDROWIA:
chłodne, przeważnie rzadkie, płynne jedzenie i napoje (herbata, woda mineralna, kawa);
kasze: pszenica, owies, jęczmień, przerośnięta pszenica (kiełki pszenicy), biały ryż, kukurydza;
produkty mleczne: masło śmietankowe, masło przetopione;
cukry: wszystkie, spożywać z ograniczeniem, oprócz miodu;
oleje roślinne: oliwa z oliwek, olej słonecznikowy, kukurydziany;
owoce: wszystkie słodkie owoce, owoce suszone, melon, arbuz, cytryny, grapefruity, pomarańcze;
warzywa: dynia, ogórek, ziemniaki, kapusta, strączkowe, pietruszka (korzeni natka);
przyprawy: kolendra, cynamon, czarny pieprz, koper, czasem czosnek;
zupy: warzywne;
produkty zwierzęce: wołowina, żółtko jaj, ryby, baranina, owoce morza (frutti di mare).

OSOBY TYPU Z

CECHY ZEWNĘTRZNE:
1. Szeroka kość, skłonność do tycia.
2. Ręka szeroka, w dotyku chłodna i wilgotna.
3. Ruchy płynne, zwolnione, chód wolny, ociężały.

FIZJOLOGICZNE WŁAŚCIWOŚCI ORGANIZMU
1. Procesy fizjologiczne przebiegają powoli.
2. Je niedużo, ale przybiera na wadze szybko, traci kilogramy z trudem.

3. Sen spokojny. Lubi posypiać. Wymaga nie mniej niż 8 godzin snu.

WŁAŚCIWOŚCI PSYCHICZNE I UMYSŁOWE

1. Bardzo ostrożny. Najpierw wszystko przemyśli, a następnie dopiero działa.
2. Informacje przyswaja szybko i dobrze pamięta.
3. Wewnętrznie spokojny. Trudno go wyprowadzić z równowagi. Ale jeśli się zezłości, będzie bardzo się kłócić (wymyślać komuś).

ULUBIONE POŻYWIENIE

Ciepłe, suche, nietłuste. Je niewiele.

PORY ROKU

Nie lubi deszczowej pogody, szczególnie wilgoci, ma skłonności do depresji.

MOŻLIWE DOLEGLIWOŚCI:

Otyłość, depresje, uczucie chłodu, bladość skóry, możliwe częste katary.

NAJKORZYSTNIEJSZE DLA ZDROWIA PRODUKTY:

ciepłe, lekkie pożywienie i napoje – herbaty ziołowe, woda mineralna;

Należy się starać mniej jeść.

kasze: jęczmień, kukurydza, proso, gryka, owies, ryż;

produkty mleczne: chude mleko, świeże masło, żółty ser, śmietana, kefir;

słodycze: miód

oleje roślinne: wszystkie rodzaje, szczególnie olej z kukurydzy;

owoce: jabłka, gruszki, granaty, winogrona, pigwa, arbuzy, melony; mniej słodkich owoców;

warzywa: ziemniaki, marchew, kapusta, cebula, pomidory, rzepa, zielone warzywa, dynia, seler, szpinak, pietruszka, strączkowe, groch;

przyprawy: dowolne, mniej soli;
produkty zwierzęce: kurczaki, jaja, wołowina, wieprzowina, raki, mięso z kury;
orzechy: wszystkie rodzaje.
zupy: jarzynowe, grochowa, chude mięsne buliony.

W większości przypadków ludzie przedstawiają sobą mieszane typy, gdzie cechy jednego typu są wyrażone ostrzej, a innego słabiej. Zaproponowany podział jest raczej umowny. Żeby ustalić indywidualny jadłospis, należy znać datę urodzenia, czas i miejsce. Dopasowując jednakże swój typ według tych cech, które przedstawiłem, można w przybliżeniu ułożyć sobie jadłospis z produktów, zapewniających maksymalne zdrowie.

Kryteriami tego, czy pożywienie odpowiada Państwa typowi, będą następujące zmiany samopoczucia:

1. Nastąpił wzrost aktywności umysłowej i fizycznej.
2. Poprawa słuchu i wzroku.
3. Oczy stały się czyste.
4. Język stał się różowy (zginął białoszary nalot).
5. Zmienił się kolor twarzy (cera).
6. Lepiej zaczęły rosnąć paznokcie i włosy.

ANI DOBRE, ANI ZŁE

W teorii odżywiania gatunkowego nie ma złych i dobrych produktów, nawet trucizna w niektórych wypadkach może być pożywieniem, a pożywienie trucizną. Wszystko zależy od tego, czy ten lub inny rodzaj pokarmu odpowiada nam, czy nie.

KLASYFIKACJA PRODUKTÓW ŻYWNOŚCIOWYCH

W proponowanym przeze mnie sposobie odżywiania kaloryczność produktów nie ma żadnego znaczenia, natomiast zna-

czenie ma tylko zdolność organizmu do trawienia i przyswajania pożywienia z minimalnymi stratami energii.

Wszystkie produkty podzielono na 9 grup:

I grupa – warzywa zawierające skrobię i soki z tych warzyw spożywamy gotowane, pieczone lub surowe (ziemniaki, marchew, buraki, dynia, kukurydza).

II grupa – węglowodany, zawierające skrobię spożywamy gotowane (nieoczyszczone kasze, pieczywo cukiernicze, chleb, produkty mączne).

III grupa – warzywa nie zawierające skrobi, zjadane na surowo lub w postaci kiszonej, wszystkie warzywa sezonowe, niezależnie od koloru (zielone, czerwone, żółte, białe), dmuchawiec, kapusta, liście rzepy, szpinak, liście buraka, rzepa, ogórki, pietruszka, szparagi, czosnek, słodka papryka, rzodkiewka, a także nać (liście) tych roślin, które służą jako pożywienie.

IV grupa – warzywa, które nie zawierają skrobi, spożywane w postaci gotowanej (korzeń selera, czerwona i zielona papryka, rzepa, korzeń pietruszki).

V grupa – produkty białkowe: mięso, jaja, produkty mleczne, twaróg, żółty ser, kefir, jogurt, orzechy, groch, fasola, soja, ryby, drób, owoce morza.

VI grupa – wszystkie ziarna zbóż, oczyszczone kasze.

VII grupa – tłuszcze: oliwa z oliwek, olej słonecznikowy, kukurydziany, sojowy, śmietanka, śmietana, smalec, masło śmietankowe.

VIII grupa – półkwaśne owoce, leśne, świeże figi, słodkie wiśnie, jabłka, gruszki, brzoskwinie, morele, czarne jagody, czereśnie, porzeczki, truskawki, maliny.

IX grupa – kwaśne warzywa i owoce (pomarańcze, grapfruity, granaty, cytryny, kwaśne śliwki, kwaśne gatunki jabłek, pomidory).

Tabela 3

Łączenie produktów żywnościowych

Nr	Nazwa produktów	1	2	3	4	5	6	7	8	9
1	Ziemniaki, buraki, marchew, dynia, kukurydza	•	NŁ	KP	KP	MŁ	KP	KP	MŁ	NŁ
2	Chleb, wyroby mączne, nie oczyszczane kasze, pieczywo cukiernicze	NŁ	•	KP	KP	MŁ	NŁ	KP	MŁ	NŁ
3	Warzywa zielone, żółte, czerwone, białe (kapusta, ogórki, pietruszka)	KP	KP	•	KP	KP	KP	KP	KP	KP
4	Rzepa, korzeń pietruszki, seler, czerwona i zielona papryka	KP	KP	KP	•	KP	KP	KP	KP	KP
5	Mięso, jaja, twaróg, żółty ser, groch, soja, fasola, drób i ryby	MŁ	MŁ	KP	KP	•	MŁ	KP	MŁ	KP
6	Ziarna zbóż, oczyszczone kasze	KP	NŁ	KP	KP	MŁ	•	KP	NŁ	MŁ
7	Tłuszcze roślinne, olej słonecznikowy, oliwa z oliwek itp.	KP	KP	KP	KP	KP	KP	•	NŁ	MŁ
8	Świeże figi, słodkie wiśnie, jabłka, truskawki, maliny	MŁ	MŁ	KP	KP	MŁ	NŁ	NŁ	•	MŁ
9	Pomarańcze, grejpfruty, cytryny, kwaśne śliwy, pomidory	NŁ	NŁ	KP	KP	KP	MŁ	MŁ	MŁ	•

KP - korzystne połączenie produktów, NŁ - nie należy łączyć, MŁ - można łączyć (ale nie jest to całkowicie nieszkodliwe dla zdrowia).

Dla człowieka wzorcowym pokarmem są warzywa, owoce, zboża, rośliny strączkowe, rośliny okopowe, owoce leśne, miód, trawy jadalne (rośliny trawiaste), grzyby, liście warzyw rosnących w tym regionie, gdzie mieszka, do 1-2 lat mleko matki, czasem jaja ptaków, mleko zwierząt, czasami mięso.

Dzięki takiemu typowi łączenia produktów żywnościowych (patrz tabela 3 s. 141) stale utrzymuje się słabo kwasowe środowisko w organizmie, organizm jest zaopatrywany w niezbędne naturalne witaminy, sole mineralne, ferment. Środowisko kwasowe w organizmie uniemożliwia powstawanie w nim bakterii chorobotwórczych, co wyklucza procesy gnilne, fermentacyjne, gromadzenie się śluzu i złogów. Gatunkowe odżywianie zapewnia właściwą, skoordynowaną pracę wszystkich układów organizmu, zwiększa wytrzymałość organizmu, odporność, obniża agresję, zmęczenie, rozstroje nerwowe.

ILE NALEŻY JEŚĆ?

Kiedy mnie pytają, ile należy jeść, odpowiadam: im mniej, tym lepiej! Od umiarkowanego jedzenia jeszcze nikt nie umarł, umierają i chorują z powodu przejedzenia. U większości osób żołądek jest rozciągnięty do nienaturalnych rozmiarów i dlatego jedzą 5-10-krotnie więcej niż jest to potrzebne. Przyzwyczajenie obfitego jedzenia jest poważnym błędem, naszą wadą, z którą powinniśmy walczyć. Fizjologiczna objętość żołądka wynosi 350-450 centymetrów sześciennych.

Dobrą radę na temat ilości spożywanego pokarmu można znaleźć u Hipokratesa. Twierdził on: Jeśli wstałeś od stołu z uczuciem głodu, najadłeś się, jeśli czujesz, że się najadłeś przy stole, to znaczy, że się otrułeś.

Osoby, które mają nadmiernie rozciągnięty żołądek, stale odczuwają głód, a im więcej jedzą, tym bardziej chcą jeść. By przerwać ten „zaklęty krąg", podczas jedzenia nie należy się spieszyć

– to prosta, ale bardzo korzystna rada. Proszę nauczyć się jeść wolno i bardzo dokładnie przeżuwać pokarm (rady, jak zrzucić nadwagę, patrz str. 148).

ZŁOTY ŚRODEK

Nasza krew, w zależności od pokarmu, może mieć środowisko kwaśne lub zasadowe. Zasadową krew (60 - 70%) mają ludzie, którzy odznaczają się dobrym zdrowiem. Jeśli proporcja zasadowa wynosi 50 -60% , krew jest gorszej jakości. Mają ją ludzie łatwo zapadający na różne choroby. Krew o odczynie kwaśnym płynie w żyłach osób przewlekle chorych.

Jaka powinna być proporcja spożywanego przez nas pokarmu w ciągu dnia, by krew miała odczyn zasadowy?

60% – warzywa i owoce (grupy I, III, IV, VIII, IX); 20% – pokarm białkowy (grupa V); 14% – węglowodany (grupy II, VI) i 6% – tłuszcz (grupa VII) – patrz tabelka nr 3 (str. 141).

Po posiłku powinniśmy odczuwać lekkość, energię, rześkie samopoczucie. Ale jeśli po posiłku chce się spać, odczuwamy ciężkość w żołądku, powstawanie gazów lub inne nieprzyjemne doznania, to znaczy, że pokarm, który zjedliśmy, jest dla nas nieodpowiedni.

Bardzo często nasze zwyczaje żywieniowe i nasz organizm rządzą się różnymi prawami. Organizm usiłuje żyć według zakodowanych w nim praw natury, a my usiłujemy nauczyć go lenistwa i obżarstwa. Na skutek tej ustawicznej walki przez cały czas znajdujemy się w stanie „półchoroby". W końcu organizm nie wytrzymuje i „psuje" się.

Spróbujmy zrezygnować ze starych nawyków, poszukać takiego sposobu odżywiania, który da energię, siłę, rześkość ducha, jasność myśli – to jest klucz do zdrowia.

STOPNIOWE PRZEJŚCIE NA GATUNKOWE ODŻYWIANIE

I ETAP

Przejście na zalecane przeze mnie odżywianie gatunkowe powinno odbywać się stopniowo. Zaczynamy od soków warzywnych (2 razy dziennie po szklance), nie zmieniając dotychczasowego sposobu odżywiania (1-1,5 miesiąca). Potem dodajemy do jadłospisu więcej sałatek i warzyw, tak by 30-40% dziennego pożywienia stanowiły surowe, gotowane lub duszone warzywa (1,5 do 2 miesięcy).

Następnie należy zmienić proporcje między surowym a gotowanym jedzeniem (surowe 60%, gotowane ok. 40%). Przy zestawianiu codziennego menu powinno się kierować prostą zasadą: jeś to, co rośnie na ziemi, pod ziemią, na drzewach, miód, jajka, produkty mleczno-kwaśne, pić herbatę z ziół, zimą „topioną" wodę, spożywać dużo warzyw, owoców, pić soki.

II ETAP

1. Należy zmienić kolejność spożywanych artykułów: płyny spożywać 20 minut przed jedzeniem, owoce przed jedzeniem, pierwsze danie: surówka, sałatka; drugie danie – węglowodany (kasze, ziemniaki itp.) lub białka (ryby, groch, jaja).
2. Należy wyłączyć (w miarę możliwości) wszystkie szkodliwe dla zdrowia produkty (czarna herbata, kawa, wędzonki, ciasta, cukierki itp.).
3. Należy stopniowo przyzwyczajać organizm do surowego pożywienia: pić codziennie minimum 1 szklankę świeżo

przygotowanych soków warzywnych, spożywać warzywa: 50% surowych, 50% gotowanych lub smażonych.

4. W zależności od pory roku należy zastosować spożywanie w ciągu całego dnia: tylko jabłek (1,5-2 kg), winogron, arbuzów, truskawek.

Na śniadanie najlepiej spożywać warzywa i owoce oraz soki z owoców i warzyw, na obiad surówki, sałatki, kasze z masłem lub gotowane warzywa, na kolację surówki, biały ser, ryby, jaja. Przed snem wypić szklankę kefiru.

Jeśli w ciągu dnia odczuwamy głód, można jeść: zimą suszone owoce; latem czereśnie, truskawki, śliwki, arbuzy, gruszki, morele. Zastosowanie takiego typu jedzenia powoduje zmiany w naszych nawykach żywieniowych. Posiłki, które na początku były niesmaczne, coraz bardziej będą nam smakować.

PODSTAWOWE ZASADY ODŻYWIANIA GATUNKOWEGO

1. Spożywanie produktów wyhodowanych w regionie, w którym mieszkamy.
2. Spożywanie warzyw, owoców, orzechów ściśle według sezonu na nie.
3. Każdy posiłek powinien zawierać surowe lub duszone warzywa (1/2 objętości).
4. Rezygnujemy ze spożywania pieczywa drożdżowego, jemy chleb pieczony z mąki gruboziarnistej.
5. Do przygotowania posiłków wykorzystujemy tablicę łączenia produktów nr 1, 2 lub 3.
6. Jemy warzywa ze skórką (jeśli nie znamy pochodzenia warzyw, skórkę obieramy, zwłaszcza zimą).
7. Dokładnie przeżuwamy (50 - 70 razy). Jeśli nie opanujemy powolnego przeżuwania, nie zauważymy efektu po zmianie pokarmu.

8. Przyrządzamy posiłki bezpośrednio przed jedzeniem (potrawy nieświeże, przygotowane powyżej 2 godzin przed podaniem są szkodliwe).
9. Nie odgrzewamy wielokrotnie zup jarzynowych, potraw mięsnych.
10. Rezygnujemy z bulionów mięsnych (oprócz rosołu z drobiu).
11. Zmniejszamy spożywanie produktów sztucznych i rafinowanych.
12. Rezygnujemy z potraw gotowych i konserwowych produktów.
13. Zmniejszamy spożycie kawy i herbaty do 1 szklanki dziennie.
14. Mniej zmieszanych produktów zmniejsza ich spożycie.
15. Jedzenie powinno być proste i smaczne.
16. Dodajemy do potraw: pieprz, imbir itd. (zwłaszcza zimą).
17. W porze letniej i jesiennej robimy dzień: „truskawkowy", „czereśniowy", „arbuzowy", jabłkowy" i nic więcej wtedy nie jemy.
18. Raz w tygodniu „głodujemy" 16 lub 24 godz. (pijemy mineralną lub roztopioną wodę).
19. Zimą pijemy roztopioną wodę.
20. Gdy pojawią się świeża marchew, buraki, jabłka, pijemy świeżo przygotowane soki do 1 l dziennie.
21. Walczymy z zaparciami – to główny wróg zdrowia i główna przyczyna starzenia się organizmu.
22. Od poniedziałku do piątku odżywiamy się skromnie. Od 20.00 w piątek do 12.00 lub 20.00 w sobotę przeprowadzamy głodówkę.
23. W niedzielę natomiast można jeść wszystko.

ROZKŁAD DNIA (zgodnie z naturalnymi biorytmami)

Jeśli będziemy stosować się do niego codziennie, gwarantuję rześkość i wspaniałe samopoczucie.

- Pobudka między 5 a 6 rano.
- Przepłukujemy usta (roztopioną, przegotowaną lub mineralną wodą).
- Pijemy ½ szklanki wody (źródlanej, mineralnej, roztopionej z 1 łyżeczką miodu).
- Mycie, czyszczenie zębów.
- Masaż głowy opuszkami palców 1 - 2 minuty, dopóki nie poczujemy przypływu ciepła do skóry głowy.
- Masaż małżowin usznych. W tym celu „rozciągamy" je, trzemy obiema rękami w ciągu 1 minuty.
- Wykonujemy dowolny zestaw ćwiczeń na kręgosłup i mięśnie brzucha i pleców (3 - 5 minut).
- Rozcieramy ciało wilgotnym, ciepłym ręcznikiem, żeby skóra poczerwieniała (2 minuty).
- Bierzemy naprzemienny prysznic (gorący-ciepły, ciepły-chłodny, gorący-zimny), tak by ciału było przyjemnie (1 - 2 minuty).
- Nabieramy do miski zimnej wody (do wysokości 10 -15 cm) i trzymamy w niej nogi (1 - 2 minuty), można nasypać do miski gładkich kamyków i pochodzić po nich (to dobry masaż stóp). Potem należy dokładnie wytrzeć nogi i koniecznie założyć skarpety.
- Przez 2 - 4 minuty wykonujemy ćwiczenia oczyszczające na oddychanie.
- Przechodzimy szybkim krokiem lub lekkim biegiem (w zależności od wieku) po parku lub lesie 3 - 5 km.
- Śniadanie – od 7 do 9 rano.
- Obiad między 11 a 14.

- Podwieczorek między 16 a 17.
- Kolacja między 18 a 20.
- O godz. 22 ćwiczenia na oddychanie oczyszczające (10-15 razy).
- Naprzemienny prysznic.
- 22-23 – przygotowanie do snu.
- Sen od 22 do 2; najspokojniejszy, głęboki, regenerujący organizm.

Według takiego rozkładu dnia ludzie żyją zgodnie z prawami natury i fizjologii swojego organizmu. Jeśli nie możemy zasnąć między 22 a 23, a zasypiamy między 1 a 3, nastawiamy przez cztery dni z rzędu budzik na 5 rano.

Przez pierwsze dni nie będziemy się wysypiać, a potem wchodzimy w normalny rozkład. *Organizm zawsze łatwo się dostosowuje do tego, co jest dla niego pożyteczne.*

CZY ISTNIEJE DIETA CUD?

Otyłość stała się dziś problemem cywilizacyjnym. Mody i lekarze narzucają wzór bycia szczupłym, a że otyłość stała się zagrożeniem dla zdrowia, zrozumieli sami otyli. Pojawiły się dziesiątki „cudownych" diet, skomplikowanych, wymagających wielkich wyrzeczeń. Tak naprawdę jednak zrzucenie wagi jest bardzo proste.

Współczesne teorie żywieniowe zwykle opierają się na dwóch kryteriach: kaloryczności i budowie cząsteczkowej (białka, tłuszcze, węglowodany itd.). Dlatego wszystkie diety odchudzające są tak trudne do przestrzegania. Dopóki człowiek jest na diecie niskokalorycznej, chudnie, ale przy tym odczuwa stale męczący głód. Po zakończeniu przestrzegania diety człowiek zaczyna jeść wszystko i szybko nabiera wagi.

Diety niskokaloryczne są raczej dla ludzi z silną wolą, ponieważ wymagają rezygnacji z nawyku jedzenia dużo i smacznie, a to przyzwyczajenie powstaje latami. Ostatnio dużą popularnością cieszą się różne preparaty farmaceutyczne, które pomagają zrzucić zbędne kilogramy.

Efekt używania tych preparatów jest tylko czasowy, po 2-3 miesiącach waga ciała w większości przypadków powraca do poprzedniej, a szkody, jakie wyrządzają te preparaty organizmowi człowieka, szczególnie wątrobie, żołądkowi, trzustce, a także układowi krwionośnemu, trudno opisać. Odwadniając organizm preparaty odchudzające zagęszczają krew, zmieniają jej skład, zmieniają środowisko wewnętrzne organizmu na kwasowe (szkodliwe!) i dlatego skutki stosowania środków odchudzających są nieobliczalne. Proces odchudzania za pomocą środków odchudzających odbywa się sztucznie, bez udziału naszej psychiki. Stosując środki odchudzające, zaczynają Państwo chudnąć w tych miejscach, w których nie chcecie. Na przykład mają Państwo dużo tkanki tłuszczowej na brzuchu i rękach, a chudną na nogach itp. Dzieje się tak dlatego, że organizm każdego człowieka jest różny, indywidualny, każdy posiada tylko sobie właściwe cechy budowy. Dlatego też każdy powinien znaleźć dla siebie indywidualny sposób podtrzymywania właściwej formy, który ma się opierać nie na preparatach chemicznych, a na cechach fizjologicznych organizmu. Procesem chudnięcia powinna kierować nasza psychika. Tracąc zbędne kilogramy, powinniśmy zyskać zdrowie, a nie choroby.

DLACZEGO DIETY SĄ NIESKUTECZNE

Jak wiadomo, podstawę tłuszczu, który odkłada się w organizmie, stanowi woda. Dowolna dieta lub środek odchudzający prowadzą do tego, że zaczynają działać mechanizmy obronne: nie mając wystarczająco dużo pożywienia, organizm zaczyna rozkładać (rozczepiać) tłuszcz (dając energię na procesy fizjologiczne). W charakterze procesu ubocznego powstaje woda, która jest wydalana z organizmu, ale przy tym człowiek nie chudnie, a zaczyna wysychać, zaczyna być podobny do śliwki suszonej, na ciele fałdami zwisa skóra, tworzą się zmarszczki na twarzy, mięśnie stają się zwiotczałe, pojawiają się bóle głowy, wątroby, żołądka. Nieustanne, męczące uczucie głodu, ogólne osłabienie zmuszają nas do przerwania diety.

Tkanka tłuszczowa jest jak gąbka, dąży do wypełnienia się wodą, człowiek zaczyna szybko przybywać na wadze. Skóra nie nadąża z osiągnięciem niezbędnego ciśnienia, zmarszczki pozostają, a waga ciała staje się jeszcze wyższa. Stara wschodnia mądrość głosi: „Jeśli się zbierze 9 ciężarnych kobiet, to nie urodzą one dziecka w ciągu jednego miesiąca". Należy zrozumieć prostą prawdę: jeśli przez kilka lat Państwo przybywali na wadze (zwykle 1 kg w ciągu roku), żeby mógł się rozpocząć proces chudnięcia, organizm musi przestawić się (przestroić) i na to potrzebuje mniej więcej 1 - 2 miesięcy. Podstawowy błąd wszystkich odchudzających się to chęć zrzucenia zbędnych kilogramów maksymalnie w najkrótszym czasie. Należy, przeciwnie, nie śpieszyć się, nie myśleć o zrzuceniu wagi. Wszystko będzie się działo automatycznie.

Ostatnio bardzo modne stały się ośrodki, w których w celu zrzucenia wagi wykorzystywane jest połączenie diet niskokalorycznych z dużym wysiłkiem fizycznym w ciągu 2 tygodni. Według mnie taka metoda przypomina bicie batem ledwie żywego od ciężkiej pracy konia, który już nie ma sił.

Jakie niebezpieczeństwa niesie ta metoda?

Podczas dużego wysiłku fizycznego ma miejsce zwiększony krwiobieg, organizm się rozgrzewa, złogi, które znajdują się wewnątrz organizmu, w jelitach, w naczyniach krwionośnych (a otyli mają ich zwykle więcej) zaczynają „kwaśnieć", pojawia się nadmierna ilość toksyn, których mniejsza część wychodzi wraz z potem, a większa jest wchłaniana przez krew i roznoszona po całym ciele, doprowadzając do zatrucia organizmu (autoksykacja). Prowadzi to do pogorszenia ogólnego stanu zdrowia, pojawienia się silnych bólów głowy i stanów depresyjnych. Osoby po trzydziestce nie powinny korzystać z takiego sposobu odchudzania. Wszyscy, którzy chcą schudnąć za wszelką cenę, robią kolejny błąd, a mianowicie wybierają zły kierunek. Słowo „dieta" w tłumaczeniu z greckiego oznacza tryb życia, a my traktujemy dietę jako określony odcinek czasowy, w którym spożywamy zestaw produktów niskokalorycznych. Właśnie dlatego, „dieta" w tym znaczeniu, jak my ją rozumiemy, nie przynosi, a nawet nie może przynieść oczekiwanego rezultatu.

Spójrzmy prawdzie w oczy, co to jest otyłość. Przecież to nie jest tylko niezgrabna, otyła figura, ale przede wszystkim choroba, która jest związana z zakłóceniem wielu procesów fizjologicznych, zachodzących w organizmie. Tak jak każdą chorobę otyłość trzeba „leczyć" długo i cierpliwie, a jeśli się tego nie robi w odpowiednim czasie, to ona zniszczy nasze zdrowie. Otyłość dotyka każdego wieku, jest straszna zarówno dla młodych, jak i starych. Żeby walka z chorobą była skuteczna, trzeba przede wszystkim poznać przyczyny, które ją wywołują. Najdziwniejsze jest to, że nadwagę powodują nasze złe przyzwyczajenia, nasze nałogi.

PRZYZWYCZAJENIA DRUGĄ NATURĄ CZŁOWIEKA

☐ Przyzwyczajenie do szybkiego jedzenia – pośpiech podczas jedzenia, złe przeżuwanie pokarmu zakłócają proces trawienia, pokarm nie jest trawiony całkowicie i odkłada się w postaci tłuszczu. Żeby się pozbyć tego przyzwyczajenia, należy przyjąć jako zasadę (jakkolwiek by to było dla nas trudne), że każdy kęs pokarmu powinien być przeżuty minimum 50 razy.

☐ Przyzwyczajenie do picia podczas posiłków prowadzi do zaburzeń funkcjonowania układu pokarmowego i hormonalnego. Kto je w ten sposób, tyje nawet od wody. Proszę się przyzwyczajać do picia na 20 minut przed jedzeniem lub 1 -1,5 godziny po jedzeniu.

☐ Przyzwyczajenie do jedzenia produktów mącznych i słodyczy – skrobia, znajdująca się w produktach mącznych zmniejsza (zakleja) powierzchnię ssącą (wchłaniającą) przewodu pokarmowego, sprzyja powstawaniu w organizmie nadmiaru śluzu, a słodki smak powoduje zwiększanie masy ciała. Proszę zamienić słodycze na suszone owoce, pestki (np. słonecznika, dyni) i niedużą ilość orzechów.

☐ Przyzwyczajenie do częstego jedzenia lub ciągłego żucia – jak tylko coś trafia nam do ust, język, jako organ smaku, przekazuje polecenie do mózgu i od razu włącza się wiele różnych mechanizmów, wśród których jest i mechanizm obronny. Przecież język nie może od razu stwierdzić, czy to, co trafiło, to „trucizna" czy pożywienie. Dlatego leukocyty, które chronią nas przed chorobami, „porzucają swoją pracę" w zakresie leczenia i oczyszczania organizmu i szybko zaczynają się zbierać przy żołądku, do którego powinien trafić pokarm. Jeśli ich „usługi" się nie przydały, znów zaczynają się zajmować „swoją robotą". Ale gdy nadejdzie nowa porcja pożywienia, wszystko powtarza się od początku. W wyniku takiej wyczerpującej pracy leukocyty nie spełniają swoich obowiązków w zakresie oczyszczania organizmu i właśnie dlatego podczas infekcji grypy ci, którzy przyzwyczaili się ciągle żuć, chorują w pierwszej kolejności. Nawiasem mówiąc, dotyczy to również tych, którzy nieustannie żują gumę.

☐ Przyzwyczajenie do niewłaściwego łączenia produktów – do trawienia różnych grup produktów są wydzielane różne fermenty. Nieprawidłowe łączenie produktów z czasem osłabia aparat fermentacyjny. Pokarm jest trawiony z trudem, część pokarmu zaczyna gnić, a część organizm przekształca w tłuszcz.

☐ Przyzwyczajenie do leżenia po jedzeniu – zmiana pozycji pionowej ciała na poziomą włącza mechanizmy, które działają podczas snu i wtedy proces trawienia pokarmu odchodzi na drugi plan, pokarm nie jest trawiony, tylko zamieniany w tłuszcz. Po jedzeniu najkorzystniej dla organizmu jest pochodzić na piętach (jeśli jest taka możliwość). To zapewni dodatkowy dopływ krwi do żołądka, co powoduje lepsze trawienie.

☐ Przyzwyczajenie do siedzącego trybu życia. W ciągu dnia powinno się wykonywać nie mniej niż 1000 różnych, w miarę intensywnych ruchów.

☐ Przyzwyczajenie do jedzenia podczas oglądania telewizji. Jedzenie jest procesem intymnym. Nie na próżno starożytni dietetycy radzili, by człowiek jedzący był „głuchy" i „niemy". Jeśli się je i ogląda telewizję, to wykonuje się niezgodne ze sobą „prace". W wyniku tego zakłóca się proces trawienia. Je się wtedy więcej niż można zjeść.

☐ Przyzwyczajenie do jedzenia w stanie podenerwowania. Jeśli się Państwo zdenerwowali, nigdy nie należy jeść w złym stanie emocjonalnym, bo będą Państwo jeść bez umiaru.

☐ Przyzwyczajenie do jedzenia przed snem (nocą). Nocą organizm śpi, wszystkie procesy są skierowane na regenerację komórek i odbudowę sił. Energia „uszła" z organów trawiennych. Jeśli się „naładuje" żołądek nocą, to rano będą Państwo zmęczeni, rozdrażnieni, rozbici. Nocny pokarm, oprócz tłuszczu, kamieni w wątrobie i nerkach, nic nie daje.

☐ Przyzwyczajenie do jedzenia produktów rafinowanych i gotowanych. Te produkty są pozbawione naturalnych witamin, mikro- i makroelementów. Jedynie co organizm może z nich wziąć, to puste kalorie, a one nie sycą. Stąd nawet przy obfitości pożywienia odczuwa się ciągle głód, który trzeba zaspokoić, a to oznacza, że trzeba znowu jeść. W rezultacie jemy 5-10 razy więcej niż powinniśmy. Produkt rafinowany zwykle jest pozbawiony wody (jest suchy), np. czipsy, ciastka, wędliny itp. Po ich zjedzeniu takiego produktu chce się pić i łańcuch się zamyka. Jedzenie, pragnienie, picie, znów jedzenie, pragnienie itd. W rezultacie puchniemy, wypełniamy się wodą. Skutkami tych wszystkich wymienionych złych przyzwyczajeń są: zaparcia, zaburzenia trawienia (układu trawiennego), zanieczyszczenie organizmu złogami. *Główną przyczyną otyłości jest więc utrata przez organizm zdolności przetwarzania i przyswajania pokarmu, dlatego zaczyna się go magazynować w postaci tłuszczu na szyi, biodrach, udach, brzuchu itd.*

Teraz znają Państwo przyczyny, należy je zlikwidować, a przestaną Państwo tyć. Następnie należy zlikwidować nadwagę, która już jest. W tym celu należy:

1) „odbudować" utracone normalne trawienie, a więc przeprowadzić kurację imbirową (patrz str. 128);
2) prawidłowo łączyć produkty, uwzględniając indywidualny typ organizmu (X, Y, Z), (str. 135-139, 122, 123);
3) stopniowo, systematycznie obciążać organizm wysiłkiem fizycznym.

Stosując się do tych porad, w ciągu 6 miesięcy schudną Państwo 10-20 kg. Tłuszcz zamieni się w mięśnie, skóra będzie gładka, bez zmarszczek, a najważniejsze jest to, że odzyskają Państwo wspaniałe samopoczucie. Z dawnego otyłego człowieka pozostaną tylko imię i nazwisko.

Tak więc radzę uzbroić się w cierpliwość i spróbować.

JAK JEMY, TAK ŻYJEMY

V zasada zdrowia OCZYSZCZANIE ORGANIZMU

JAK JEMY, TAK ŻYJEMY

Hipokrates mówił: *Każda choroba ma swoją przyczynę, której nie zlikwiduje żaden lek.*

Najlepszy lek, najlepszy szpital nie są w stanie wyleczyć człowieka od nawyku „zanieczyszczania" swego organizmu.

Nigdy nie mogę zrozumieć rodziców, którzy ze ślepej miłości kupują swoim dzieciom lody lub smaczne cukierki, słodki napój gazowany lub watę cukrową, nie rozumiejąc, że wszystkie te produkty zmieniają się w organizmie dziecka w trucizny, które będzie nosić w sobie do końca życia.

Dlatego często, kiedy rodzice mówią o chorobach dziedzicznych, mam ochotę zaprzeczyć.

Nie choroby są przekazywane dziedzicznie, dziedziczony jest nieprawidłowy tryb życia, który jest przyczyną wielu chorób.

SIEDEM SYSTEMÓW OCZYSZCZANIA

Organizm każdego człowieka posiada siedem systemów oczyszczania ze śluzówki, substancji smolistych i innych „brudów", które niszczą nasze zdrowie. Są to: jelito grube (1), wątroba (2), nerki (3), tkanka tłuszczowa (4), mięśnie i ścięgna (5), nos, uszy oraz oczy (6), płuca i skóra (7).

Jeśli jeden z systemów nie spełnia swojej funkcji, to z pomocą przychodzi drugi. Jeśli np. jelito grube i wątroba nie są w stanie spełniać funkcji oczyszczania, to włączają się systemy oczyszczania poprzez nos, oczy, skórę i płuca. Przy tym na skórze pojawiają się wysypka, egzemy lub inne alergie, pojawia się katar.

Można wówczas zakraplać nos, robić okłady na oczy, smarować skórę maścią, ale to wszystko jest tylko walką ze skutkami. To walka długa, uciążliwa, kosztowna i daje mało zauważalne efekty.

Spróbujemy prześledzić, jak w większości przypadków działają nasze systemy oczyszczania. Układ pokarmowy jest tak zanieczyszczony, że nie wiadomo, czy z jelita grubego do krwi przenika więcej brudów, czy pożytecznych substancji.

Wątroba i woreczek żółciowy do takiego stopnia zanieczyszczone są kamieniami, rurkami cholesterolowymi, czarnozieloną żółcią, że nie ma mowy o jakimkolwiek oczyszczaniu krwi z substancji trujących.

Nerki nie są w stanie spełniać swoich funkcji, ponieważ są „nafaszerowane" kamieniami i piaskiem.

Pokrycie stawów i kości warstwą soli powoduje ból przy każdym zgięciu szyi, ręki, kolana. Dochodzi do tego, że słyszymy wyraźnie chrupanie układu kostnego.

Czy tak zanieczyszczony organizm może być zdrowy?

SIEDEM STOPNI ZANIECZYSZCZENIA ORGANIZMU

Na podstawie wielu badań określono siedem stopni zanieczyszczenia organizmu:

1. Pierwszy stopień zanieczyszczenia, kiedy człowiek z wyglądu zdrowy zaczyna odczuwać ciągłe zmęczenie.
2. Przy drugim stopniu, oprócz ciągłego zmęczenia, dochodzą bóle głowy i łamanie w kościach całego ciała.
3. Trzeci stopień to wszelkiego rodzaju alergie.
4. Czwarty – pojawienie się torbieli, guzów, kamieni, nadwaga.
5. Piąty stopień to deformacja organów wewnętrznych, kości i stawów.
6. Szósty – organiczne choroby układu nerwowego.

7. Siódmy – rozkład komórek i organów, powodujący tworzenie się chorób nowotworowych.

Na podstawie tych wyjaśnień każdy może łatwo określić stopień zanieczyszczenia swojego organizmu.

Jeśli jeden lub kilka systemów oczyszczania nie spełnia swoich funkcji, to wywołuje następujące choroby:

- przy nieprawidłowej pracy pierwszego i drugiego systemu oczyszczania występują bóle głowy, zaparcia, depresje, zmęczenie, hemoroidy, wrzody żołądka i dwunastnicy itp.;
- jeśli pierwszy, drugi, trzeci i czwarty system oczyszczania nie spełniają swoich funkcji, do wymienionych dolegliwości dochodzą guzy, torbiele, kamienie w nerkach i woreczku żółciowym, alergie skórne, astma na tle alergicznym, cukrzyca, nadwaga;
- przy naruszeniu od pierwszego do szóstego systemu oczyszczania, do wymienionych dolegliwości dochodzą choroby stawów, kończyn dolnych i górnych, układu krążenia, układu oddechowego, układu nerwowego;
- jeśli wszystkie systemy oczyszczania, od pierwszego do siódmego, nie są w stanie spełniać swoich funkcji, może to doprowadzić do chorób nowotworowych (wątroby, trzustki, skóry itp.).

Chcę jeszcze raz zwrócić uwagę na błędy, które prowadzą do zniszczenia systemów oczyszczania naszego organizmu:

1. Spanie na miękkim materacu i wysokiej poduszce powoduje zwyrodnienia kręgosłupa, „fundamentu" naszego ciała.
2. Nieprawidłowy sposób oddychania, brak ruchu na świeżym powietrzu jest przyczyną niedotlenienia organizmu i anemii.
3. Spożywanie nieodpowiednich płynów niszczy systemy oczyszczania.

4. Spożywanie dużych posiłków powoduje zaparcia, nadwagę.
5. Spożywanie dużych ilości gotowanych posiłków pozbawia organizm soli mineralnych, witamin i mikroelementów, niszczy systemy oczyszczania.
6. Spożywanie cukru, produktów cukrowych, rafinowanych, chleba tworzy w organizmie „osad", „śluz", „kamienie", wypłukuje wapno z kości.
7. Spożywanie dużych ilości białka zwierzęcego powoduje ciągłe zatrucia organizmu toksynami (zawartymi w mięsie), a także gnicie w układzie pokarmowym.
8. Nieprawidłowe spożywanie płynów (popijanie w trakcie lub tuż po jedzeniu) powoduje zmywanie niestrawionych resztek pokarmu i rozcieńczenie soków trawiennych, co przyczynia się do powstawania chorób układu pokarmowego.
9. Nieprawidłowe łączenie posiłków obciąża układ trawienia, powodując gnicie i zwyrodnienia układu pokarmowego, zwłaszcza jelita grubego.
10. Szybkie spożywanie posiłków; kiedy jemy szybko, pożywienie nie jest dobrze wymieszane ze śliną, co hamuje proces trawienia, posiłki leżą w żołądku „kamieniem", powodując gnicie w układzie pokarmowym.
11. Żywnościowa narkomania – utrata instynktu natury (człowiek – niewolnik swojego żołądka, spożywając posiłki nie kieruje się rozsądkiem).

Człowiek nie chce żyć według praw natury, przestał korzystać z dobrodziejstw ziemi, zastępując je smakołykami w ładnych opakowaniach. Przyzwyczaił się do tego, że wszystko powinno być słodkie, smaczne, gotowane i ciepłe. Dlatego też ciągle trwa w „rozcieńczonym" stanie.

Wraz z „zatrutą" krwią po ciele rozchodzą się choroby, ubywa zdrowia, słabnie serce, obumierają komórki mózgu. Nie pomagają w tym wypadku żadne tabletki, organizm przypomina stojące bagno, które człowieka stopniowo wchłania.

Z tej sytuacji są tylko dwa wyjścia: albo żyć chorując i oczekiwać na śmierć, albo też zmienić swoje życie tak, by być zdrowym.

SPOSOBY OCZYSZCZANIA ORGANIZMU

Zastosowanie kuracji oczyszczania organizmu u niektórych osób może dawać bardzo dobre rezultaty, u innych natomiast ledwo zauważalne. Nie należy się tym martwić. Każdy organizm jest inny. I dlatego nie ma jednego, uniwersalnego sposobu na wszystkie dolegliwości. Spróbujcie zastosować różne przepisy.

Przepisy, które podaję, są mądrością naszych przodków. Należy zastosować taki przepis, który daje maksymalne efekty. Uważnie obserwujcie swoje samopoczucie. Jeżeli dzień po dniu czujecie się coraz lepiej, to oznacza, że wybraliście prawidłową drogę.

Przyroda tak mądrze stworzyła człowieka, że wszystkie wewnętrzne zmiany są widoczne na zewnątrz. Można je rozpoznać po języku, paznokciach, ustach, policzkach, czole, brwiach, włosach.

Nawet każda zmarszczka na twarzy świadczy o zmianach, zachodzących wewnątrz naszego organizmu, np. płatek ucha świadczy o układzie hormonalnym, włosy to wskaźnik życiowych sił i stanu układu nerwowego, broda jest wskaźnikiem siły woli i fizycznej wytrzymałości, policzki świadczą o sile pracy serca, stan skóry na szyi to wskaźnik biologicznego wieku.

Kształt ucha sygnalizuje zmiany w kręgosłupie, język wskazuje na stan układu pokarmowego. Budowa i kolor górnej wargi mówią o jakości naszej krwi, kształt nosa to silne lub słabe kości. Paznokcie świadczą o stanie układu pokarmowego, wątroby, nerek, trzustki.

Nawet charakter pisma zmienia się przy chorobie. Jeśli przy pisaniu końcowe wiersze przeważnie opuszczamy w dół, świadczy to o chorobach żołądka, natomiast gdy końcowe wiersze podnosimy w górę, to znaczy, że chora jest wątroba.

Chodzi o to, by obserwując zewnętrzne objawy, móc obronić się przed chorobami.

JELITO GRUBE

NIEKTÓRE OBJAWY ZANIECZYSZCZONEGO JELITA GRUBEGO

Zaparcia, wzdęcia brzucha, skórne egzemy, wągry, alergie, czarny nalot na zębach, szary nalot na języku, nieprzyjemny zapach potu i skóry.

PROFILAKTYKA:

1. Ograniczyć spożywanie następujących produktów: mięsa, czekolady, słodyczy, cukru, krowiego mleka, jaj, białego chleba.
2. Pić rano i wieczorem po 1 szklance kefiru.
3. Dokładnie żuć pokarmy (każdy kawałek pokarmu żuć od 35 do 50 razy).
4. Nie popijać w trakcie jedzenia.
5. Zmniejszyć spożywanie kawy i herbaty.

Test na sprawdzenie prawidłowej pracy jelita grubego: Należy wypić 2 łyżki stołowe świeżego soku z buraka. Jeśli po 4 godzinach mocz zabarwi się, to oznacza, że jelito grube nie spełnia swojej funkcji.

MIĘKKIE SPOSOBY OCZYSZCZANIA JELITA GRUBEGO

OCZYSZCZENIE KEFIREM

Pierwszy dzień: wypić 2,5 litra kefiru w 6 dozach wraz z sucharkami z czarnego pieczywa (nie spożywać żadnych posiłków).

Drugi dzień: wypić 1,5 do 2 litrów soku z jabłek w 6 dozach wraz z sucharkami z czarnego pieczywa. Sok powinien być świeżo przygotowany, jabłka powinny być słodkie (nie spożywać żadnych posiłków).

Trzeci dzień: w ciągu dnia jeść tylko sałatki z gotowanych warzyw (buraki, marchew, ziemniaki, można dodać kiszone ogórki, kiszoną kapustę, cebulę, olej roślinny, wraz z sucharkami z czarnego pieczywa).

Stosować dwa razy w miesiącu.

OCZYSZCZANIE SUSZONYMI OWOCAMI

Śliwki suszone 400 g, daktyle 200 g, morele 200 g, figi 200 g – wszystko to zemleć w maszynce. Do otrzymanej masy dodać 200 g miodu i wszystko razem wymieszać. Przechowywać w szklanym naczyniu w lodówce. Pić wieczorem przed snem po 1 stołowej łyżce.

Kurację należy stosować jeden raz na trzy miesiące.

OCZYSZCZANIE WARZYWAMI I OWOCAMI

1. Pić po ½ szklanki soku z kapusty kwaszonej 3 razy dziennie. Stosować przez 14 dni.
2. Dwie pomarańcze obrać ze skórki na 1 - 2 milimetry, tak aby na owocach pozostał biały miąższ. Razem z białym miąższem jeść pomarańcze rano i wieczorem. Stosować przez 14 dni.
3. Dziesięć suszonych śliwek wieczorem zalać wrzątkiem, odstawić na noc. Rano na czczo wypić wodę, śliwki zjeść. Następnie znowu zaparzyć10 suszonych śliwek. Odstawić do wieczora. Wieczorem, przed snem, wodę wypić, śliwki zjeść. Kurację stosować przez 10 dni.

WĄTROBA

OCZYSZCZANIE WĄTROBY

NIEKTÓRE ZEWNĘTRZNE OBJAWY ZANIECZYSZCZONEJ WĄTROBY

1. Pojawienie się na ciele piegów, znamion brązowych i brodawek.
2. Brązowe plamy przy korzeniach włosów.
3. Zimna i wilgotna skóra ciała i rąk.
4. Zabarwiony na żółto spód języka.
5. Brak możliwości zrobienia prawą nogą kroku takiej samej długości jak lewą.

Przyczyny nieprawidłowej pracy wątroby:

- nadmierne spożywanie posiłków i płynów,
- nadmierne spożywanie cukru, produktów cukrowych, owoców i alkoholu,
- nadmierne spożywanie tłuszczów, oleju roślinnego oraz tłustego mięsa,
- nadmierne spożywanie posiłków gotowanych i rafinowanych,
- nadmierne spożywanie chleba (świeżego) i wyrobów mącznych,
- przyzwyczajenie do spożywania posiłków przed snem lub w nocy.

PROFILAKTYKA

1. Zmniejszyć ilość spożywanych posiłków.
2. Nie jeść śniadania.
3. Spożywać więcej gotowanych warzyw (30 - 40%) w ogólnej ilości posiłków na dobę.
4. Zimą należy jeść więcej kiszonej kapusty.
5. Jeść więcej twarogu, zsiadłego mleka, kefiru.
6. Spożywać wszystko świeżo przygotowane (nie jeść posiłków podgrzewanych lub z poprzedniego dnia).

7. Pić i starać się przygotowywać posiłki na topionej (według podanej wcześniej receptury) wodzie.

MIĘKKIE OCZYSZCZANIE WĄTROBY SOKAMI WARZYWNYMI

Pierwszy zestaw:
marchew 300 g, ogórek świeży 90 g, burak 90 g
Drugi zestaw:
marchew 270 g, seler 130 g, pietruszka 60 g
Zastosowanie zestawów
Pić rano na czczo. Stosować najlepiej latem i jesienią.

OCZYSZCZANIE IGLIWIEM

Wziąć 5 stołowych łyżek igliwia sosny lub świerku, drobno posiekać, zaparzyć wrzątkiem 0,5 litra i gotować 10 minut na małym ogniu. Przecedzić i wlać do termosu.

Pić w ciągu dnia małymi łykami o dowolnej porze. Wywar należy robić codziennie świeży. W trakcie tej kuracji mocz będzie mętny i zabarwiony na różne kolory. Kiedy mocz wróci do normalnego zabarwienia (kolor jasnego piwa), kuracja powinna zostać zakończona. Kurację należy stosować w lutym, marcu i kwietniu.

NERKI

OCZYSZCZANIE NEREK

NIEKTÓRE ZEWNĘTRZNE OBJAWY ZANIECZYSZCZONYCH NEREK:

1. Pojawienie się worków pod oczami.
3. Białe kropki na paznokciach.
3. Wilgotne dłonie.

NIEKTÓRE PRZYCZYNY NIEPRAWIDŁOWEJ PRACY NEREK

a) nagromadzenie śluzu, z którego powstają kamienie,
b) rozszerzenie nerek od nadmiaru spożycia płynów,
c) zwężenie nerek od nadmiaru spożywania soli, mięsa, ryb, pieczywa, słodyczy, produktów mącznych i rafinowanych.

Jeśli pod oczami pojawiają się worki, to świadczy o nadmiarze płynów i złogów tłuszczu w nerkach. Jeśli przy dotyku worek jest miękki, to świadczy o dużych ilościach spożywanych płynów. Jeśli worek jest twardy, jest to spowodowane nadmiarem spożywania żółtego sera, tłustych produktów mlecznych, tłustego mięsa, słodyczy i tłuszczu zwierzęcego. Jeśli powieki są zaczerwienione, jest to oznaka tworzenia się kamieni.

Przy prawidłowej pracy nerek człowiek powinien oddawać mocz 3-4 razy dziennie. Jeśli mocz oddajemy częściej, to należy zmniejszyć ilość spożywanych płynów. Mocz powinien mieć barwę jasnego piwa. Jeśli mocz ma kolor bardzo jasny, to należy spożywać więcej soli, jeśli natomiast ciemny, to spożycie soli należy zmniejszyć.

Jeśli wokół oczu pojawiają się ciemnobrązowe koła, świadczy to o spożywaniu dużych ilości soli i produktów zawierających sole. W takich wypadkach należy przejść na dietę bez soli, zamiast soli używać różnego rodzaju przypraw, np. suszony czosnek, pietruszka itp. (oczyszczanie nerek patrz str. 182).

CAŁKOWITE OCZYSZCZANIE ORGANIZMU

(kuracje dla tych, którzy chcą być zdrowi i zawsze młodzi)

CAŁKOWITE OCZYSZCZANIE ORGANIZMU

Mądry Hipokrates powiedział: „Człowiek rodzi się zdrowy, wszystkie choroby przychodzą do niego przez usta z pożywieniem".

Całą różnorodność produktów spożywczych można umownie podzielić na: białka, węglowodany, tłuszcze, owoce i warzywa. Na każdą grupę produktów żołądek wydziela specyficzne fermenty. Produkty o charakterze białkowym (mięso, ryby, jaja, grzyby itd.) powodują w układzie żołądkowo-jelitowym wydzielanie kwaśnych fermentów, a produkty zawierające węglowodany (pieczywo, ziemniaki, kasze, cukier, itp.) – zasadowych.

Jeśli się spożywa produkty białkowe razem z węglowodanami, fermenty wydzielane do strawienia oddziałują na siebie i częściowo neutralizują się (niszczą się). Wskutek tego białka i węglowodany przemieszczają się w układzie żołądkowo-jelitowym niestrawione. Niestrawione resztki pokarmu przechodzą przez jelito cienkie, warstwami osiadają na jego ściankach, jak gdyby „zamurowując" je od środka. Po pierwsze, taki proces zmniejsza zdolności wchłaniające jelita, co staje się jedną z głównych przyczyn nadwagi. Po drugie: uszkadza gruczoły trawienne, osłabiając proces trawienia. Po trzecie – mnoży liczbę bakterii chorobotwórczych, które niszczą zdrową mikroflorę przewodu pokarmowego. Niestrawiony pokarm wraz z produktami fizjologicznymi bakterii chorobotwórczych przedostaje się następnie do jelita grubego, gdzie przez wiele lat odbywa się proces gnicia i fermentacji, powodując choroby. (Pamiętajmy o stale tworzącym się osadzie!). Takie jelita stają się przyczyną zatrucia krwi, przecież powierzchnia wchłaniająca u dorosłego człowieka wynosi 300 m. Zaburzenia funkcjonowania układu pokarmowego i odbytnicy pogarszają zdolności filtrujące wątroby, a to z kolei prowadzi do zwiększenia ilości bilirubiny we krwi, tworzenia się piasku i kamieni w pęcherzyku żółciowym i nerkach, odkładania się cholesterolu na ściankach naczyń krwionośnych, odkładania się różnego rodzaju soli w mięśniach i stawach, osłabienia odporności, złej przemiany materii.

Z tego jasno wynika, że taki organizm jest skazany na przewlekłe choroby. *Nadwaga, schorzenia żołądka i jelit, trzustki, wątroby, nerek, układu krwionośnego i wiele innych chorób to tylko skutki, a główną przyczyną jest zanieczyszczenie wszystkich oczyszczających systemów wewnątrz organizmu przez nieprawidłowe łączenie produktów w posiłkach, które spożywamy.*

Żeby pozbyć się prawdziwej przyczyny wielu chorób, trzeba w pierwszej kolejności „wyprowadzić" z organizmu wszystko to, co jak na wysypisku gromadziło się przez lata. W tym celu należy przeprowadzić całkowite oczyszczenie organizmu lub – mówiąc prościej – „generalne sprzątanie" wszystkich systemów oczyszczających.

Całkowite oczyszczenie organizmu jest nie tylko potrzebne, jest nam życiowo niezbędne, bo tylko czysty organizm, wolny od „wewnętrznego brudu", może funkcjonować harmonijnie i właściwie.

Każdy etap oczyszczania będzie dawał odczuwalne wyniki. Po oczyszczeniu jelita grubego przestaną Państwa dręczyć wzdęcia brzucha, zaparcia, zgaga. Po oczyszczeniu wątroby poprawia się trawienie, pamięć, pojawia się blask w oczach, połysk we włosach, będą Państwo wyglądać młodziej i bardziej świeżo, nie będą się męczyć, pojawią się energia i siły. Oczyszczenie nerek spowoduje zanik worków pod oczami, znormalizuje się ciśnienie i zanikną różne bóle w dolnej części brzucha (z przyczyn, których do tej pory nie udało się ustalić). Oczyszczenie stawów spowoduje rozpuszczenie znajdujących się w nich soli i, jeśli nie były one (stawy) sprawne ruchowo i bolały, szczególnie przy zmianie pogody, to teraz będą sprawne i elastyczne. Oczyszczenie limfy i naczyń krwionośnych obroni Państwa przed infekcjami, zawałem, wylewem, żylakami i wieloma dolegliwościami, które czynią nasze życie czasem nie do wytrzymania.

Mieszkanie po remoncie wygląda zupełnie inaczej, wypraną rzecz jest przyjemnie ubrać, polakierowany samochód cieszy nasze oko, ale wszystkiego tego nie da się porównać do odczuć, które się pojawią po pełnym oczyszczeniu organizmu. Zapewniam Państwa, że staną się Państwo zupełnie innymi ludźmi.

1. OCZYSZCZENIE JELITA GRUBEGO

Do realizacji tego celu może służyć każdy z wcześniej opisanych sposobów oczyszczenia jelita grubego (patrz str. 162), ale oprócz tego należy pić codziennie 500 ml świeżo wyciśniętego soku z marchwi na 30 minut przed posiłkiem, brać naprzemienny ciepły i zimny prysznic rano i wieczorem (patrz str. 82), a na noc zażywać tabletkę przeczyszczającą.

2. JAK TYLKO PRZEPROWADZILI PAŃSTWO CYKL OCZYSZCZENIA JELITA GRUBEGO, NALEŻY SIĘ NAUCZYĆ PRAWIDŁOWO SPOŻYWAĆ POKARM (patrz tab. 1 lub 2)

3. OCZYSZCZANIE JELIT – ODTWARZANIE NORMALNEJ FLORY BAKTERYJNEJ

Częste przyjmowanie lekarstw (szczególnie antybiotyków), spożywanie słodyczy, ciasta drożdżowego, mleka, a także nieprawidłowe łączenie produktów w potrawach sprzyja zagnieżdżeniu się w przewodzie pokarmowym obcych mikroorganizmów – bakterii, grzybów, drożdży. Te pasożyty wdzierają się do śluzówki dróg pokarmowych, żywią się naszą krwią i wydalają „w nas" trujące produkty fizjologiczne – toksyny. Toksyny te są przyczyną bólów głowy, różnego rodzaju alergii, szybkiego męczenia się, angin, przeziębień, katarów, częstych zapaleń oczu, pęcherza moczowego, nerek, silnych bólów brzucha, żołądka, wątroby, nerek itd. Oznacza to, że skutki działalności tych bakterii w naszym organizmie bywają czasem zupełnie nieprzewidziane. Niszcząc zdrową mikroflorę, bakterie chorobotwórcze powodują dysbakteriozę, na którą cierpi, według danych specjalistów, do 80% populacji, niezależnie od wieku. W walce z chorobotwórczymi „pasożytami" najbardziej skuteczny jest czosnek.

Przez dwa tygodnie należy zjadać po 1 ząbku czosnku wieczorem, dwie godziny po kolacji. Sygnałem wyzdrowienia będzie nieodczuwanie ociężałości lub wzdęć brzucha (powiększenia żołądka) po spożyciu pokarmu. Czosnek należy jeść bez chleba, dobrze przeżuwać. W czasie jedzenia czosnku w jamie ustnej, przełyku i w żołądku pojawia się silne pieczenie. Trzeba pocierpieć, ponieważ sok czosnku, „zabijając" bakterie chorobotwórcze, wchłania się w pojawiające się ranki, gdzie gnieździły się pasożyty. W czasie spożywania czosnku może się wzmóc bicie serca u osób z zaburzeniami układu krwionośnego. To naturalna reakcja, ponieważ czosnek to jedyny produkt, zawierający rozpuszczony german, a ten pierwiastek wspaniale regeneruje i oczyszcza naczynia krwionośne. Tak więc chwilowe „niewygody" podczas jedzenia czosnku trzeba przecierpieć. Zapewniam Państwa, że zdrowie jest tego warte. Po zjedzeniu czosnku można przepłukać usta, umyć zęby, a przed snem zjeść jabłko lub wypić herbatę z cytryną i z miodem. Zapach czosnku zupełnie zanika, jeśli pożuje się skórkę cytryny, pomarańczy lub drobno posiekaną natkę pietruszki.

3. OCZYSZCZENIE WĄTROBY *

Wątroba to jeden z najważniejszych organów naszego ciała. To „laboratorium chemiczne", od którego pracy zależy stan serca, układu krwionośnego, organów trawiennych, nerek, mózgu, układu limfatycznego i w końcu naszej psychiki. U większości osób, które przyzwyczaiły się do spożywania mieszanych produktów, już w wieku 5 lat wątroba jest częściowo wypełniona kamieniami, „korkami" cholesterolu, „łuskami" bilirubiny (pozostałości czerwonych krwinek, które obumarły i z różnych przyczyn nie zostały wydalone z organizmu). Wszystko to prowadzi do zaburzeń filtracyjnych i wydalniczych zdolności wątroby, co może stać się początkiem bardzo różnych poważnych chorób. Oprócz już opisanych cech nieprawidłowo funkcjonującej wątroby (patrz str. 164), chciałbym dodać następujące: wzdęcia brzucha, dreszcze, niestrawność po spożyciu posiłku, biegunki, zwłaszcza po zjedzeniu smażonych produktów, ogólne osłabienie, brak apetytu, gorycz w ustach, stany przygnębienia, potliwość, rozdrażnienie, zaburzenia snu, zaczerwienienie dłoni w okolicach kciuka i małego palca, skurcze w łydkach i palcach rąk, bóle w kościach i stawach – oto niepełny jeszcze spis objawów źle pracującej wątroby. Na podstawie wymienionych objawów mogą Państwo samodzielnie osądzić, czy wasza wątroba jest zdrowa i czysta. Ale jeśli opisane objawy powtarzają się u Państwa regularnie, koniecznie proszę udać się z wizytą do lekarza.

Obecnie istnieje wiele preparatów, które mogą poprawić funkcjonowanie wątroby, ale żaden nie daje takich odczuwalnych efektów, jak zabieg oczyszczenia wątroby. Ludzie, którzy przez kilkadziesiąt lat cierpieli na kamienie w pęcherzyku żółciowym i powinni przejść operację, po oczyszczeniu wątroby pozbyli się kamieni raz na zawsze. Operacja nie była potrzebna.

---

* Przy oczyszczaniu wątroby czyścimy także pęcherzyk żółciowy i trzustkę.

Dość często wątroba może niszcząco wpływać na serce.

Pozwolę sobie przytoczyć przykład z mojej praktyki naturalnego uzdrawiania. Kobieta w wieku 36 lat, z chorobą serca, blada, chuda, miała trudności z oddychaniem, nie mogła chodzić. Lekarze zaproponowali jej operację: usunięcie części aorty i zastąpienie jej naczyniem biodrowym, przy czym uprzedzili ją, że odsetek pomyślnych operacji jest nieduży 30%-40%. Kobieta zgłosiła się do naszego centrum z prośbą o pomoc. Po biodiagnostyce stwierdziliśmy u niej silnie zanieczyszczoną wątrobę. I jaki sens miałaby ta operacja? Przecież u tej pani w naczyniach płynie gęsta, kwaśna, „brudna" krew. Nawet jeśli operacja przebiegnie pomyślnie, to za 5-7 lat będzie to samo. Przeszczep naczyń to tylko walka ze skutkiem, a przyczyna leży w jakości krwi. Jeśli krew się oczyści, to i cały system, przez który płynie, się oczyści. Kobieta przeprowadziła kurację oczyszczenia jelita grubego, jelita cienkiego i wątroby, przy czym wątrobę przeczyściła trzy razy z rzędu, a potem przeszła na fizjologiczny sposób odżywiania. Po 3 miesiącach była zdrowa, stała się innym człowiekiem, pogodna i radosna. Żadnej operacji już nie potrzebowała.

Wiele osób na pewno naiwnie sądzi, że ich wątroba jest w porządku. To duży błąd. Z własnego doświadczenia i doświadczenia pacjentów przekonałem się, że to nieprawda. Kamienie żółciowe siedzą w wątrobie bardzo mocno. Po moim pierwszym i drugim oczyszczeniu kamieni nie było, były „koreczki" cholesterolowe (podobne do ciemnozielonych wałeczków), kawałki pleśni (podobne do pajęczyny), ale po trzecim czyszczeniu zszedł półlitrowy słoik kamyczków, a także dużo starej żółci, ciemne płatki i inne „brudy". A przecież wszystko to jest w wątrobie u każdego z nas i im jesteśmy starsi, tym jest więcej tego brudu. Kiedy pozbędziemy się tego wszystkiego, od razu poczujemy się lżej, odczujemy prawdziwą odnowę całego organizmu. Oczyszczenie wątroby jest rzeczą naturalną i niezbędną dla każdego człowieka, jak generalne porządki w mieszkaniu.

Zanim opiszę mechanizm oczyszczenia wątroby, odpowiem na pytania, które mi zawsze zadają specjaliści (biolodzy, lekarze) w zakresie fizjologii organizmu człowieka.

Pytanie: „Wiadomo, że przewody żółciowe mają średnicę 3 - 4 mm, w jaki sposób mogą przez nie przejść duże kamienie, o średnicy 20 mm i więcej (a takie są)?

Odpowiedź: „Przewody żółciowe posiadają gładką muskulaturę i są zdolne do rozszerzenia się do 20 mm, a kiedy się kurczą, powodują, że żółć jest wyrzucana pod ciśnieniem od 300 do 800 mm słupka wody".

Jak wiadomo, leczenie ciepłem jest najlepszym sposobem pozbycia się stanów zapalnych i skurczów wątroby i dlatego przed zabiegiem i podczas zabiegu należy cały czas rozgrzewać powierzchnię wątroby.

Kamienie żółciowe w 90% - 99% składają się z cholesterolu, który pod wpływem ciepła (podczas ogrzewania powierzchni wątroby) topi się, mięknie, dlatego kamienie przybierają kształty przewodów żółciowych i pod ciśnieniem swobodnie przechodzą przez nie, absolutnie nie powodując bólu.

Pytanie: „Dlaczego kamienie zaczynają się poruszać?"

Odpowiedź: Podczas zabiegu stosuje się oliwę z oliwek, a fakt, że oliwa z oliwek posiada silne działanie spędzające żółć, powoduje kurczenie się pęcherzyka żółciowego i maksymalne otwarcie wszystkich przewodów żółciowych jest powszechnie znany. Oprócz tego gwałtownemu wydzielaniu się żółci z wątroby towarzyszą kwasy. Kwas cytrynowy, wykorzystywany podczas oczyszczania, stymuluje tę funkcję, dodatkowo jeszcze rozpuszczając twarde występy – haczyki, które utrzymują kamienie żółciowe w przewodach. Kwaśny smak stymuluje działanie wątroby, a olejki eteryczne soku działają jednocześnie zarówno jako środek spędzający żółć, jak również i środek aseptyczny.

Pytanie: „Dlaczego oczyszczenie wątroby należy przeprowadzać właśnie od godziny 19?"
Odpowiedź: Zgodnie z biorytmem. Od 19 nasz organizm zaczyna się oczyszczać. Według opinii chińskich lekarzy, specjalizujących się w leczeniu akupunkturą, praca wątroby i pęcherzyka żółciowego jest najbardziej intensywna od godziny 23 do 3 w nocy (biorytm wątroby, właśnie w tym czasie są wyrzucane kamienie).
Pytanie: „Czy są możliwe skutki uboczne?"
Odpowiedź: Na podstawie mojego wieloletniego doświadczenia, a także opinii specjalistów leczenia naturalnymi metodami, mogę z przekonaniem stwierdzić, że jeśli kuracja oczyszczająca wątrobę jest przeprowadzana ściśle według opisanych zaleceń (instrukcji), żadnych skutków ubocznych nie zaobserwowano.

Czasem po wypiciu 3-4 porcji oliwki zdarzają się wymioty, to znak, że najpierw oczyścił się żołądek. To się może zdarzyć podczas pierwszego zabiegu oczyszczającego, to nic strasznego, zabieg należy ukończyć (nie zwiększając ani ilości oliwki, ani soku).

Podczas oczyszczania trzeba być spokojnym i rozluźnionym (zrelaksowanym). Kiedy wątroba jest silnie zanieczyszczona i wydala z siebie „nieczystości", mogą Państwo poczuć, że wątroba jak gdyby „oddycha". Proszę się nie bać, bo strach powoduje skurcze naczyń i przewodów żółciowych, co również może być powodem wymiotów. Ale jeśli jednak odczuwają Państwo strach, niepokój lub nerwowość (związane z oczekiwaniami rezultatu oczyszczania), proszę wziąć 2 tabletki nospy na uspokojenie. Wszystko wróci do normy automatycznie. Oczyszczanie wątroby jest nieprzyjemne, gdy się je przeprowadza po raz pierwszy. Człowiek zawsze się denerwuje, kiedy coś robi pierwszy raz.

INSTRUKCJA METODYCZNA OCZYSZCZENIA WĄTROBY

Skuteczność oczyszczenia wątroby zależy od całkowitego stosowania się do przepisu i przeprowadzenia wszystkich etapów.

Etap pierwszy. Wcześniejsze przygotowanie, „złagodzenie" organizmu. Jest to niezbędne do tego, by rozluźnić, nagrzać i nawilżyć organizm.

„Złagodzenie" organizmu można osiągnąć, korzystając z sauny (suchej lub parowej) lub biorąc gorącą kąpiel. Takich zabiegów powinno być przynajmniej 5 (czas trwania od 10 do 20 minut).

Najważniejsze, by poczuć rozluźnienie, zrelaksowanie po zabiegu łagodzącym i rozgrzanie całego ciała. Ostatnie „złagodzenie" proszę przeprowadzić na dzień przed głównym zabiegiem oczyszczającym.

Etap drugi. Przez 3-4 dni przed oczyszczeniem żywić się głównie produktami pochodzenia roślinnego, pić 0,5 l świeżo wyciśniętego soku z buraka + jabłek w proporcji 1:4, a codziennie na noc pić napar z ziół przeczyszczających.

Etap trzeci. Oczyszczenie właściwe lepiej przeprowadzać pod koniec tygodnia (piątek-sobota lub sobota-niedziela).

1–2 dzień – przez cały dzień pić tylko sok w dowolnej ilości. Gdy chce się jeść, należy pić sok, gdy chce się pić – też pić sok (burak + jabłka, 1:4). Podczas dnia jak najwięcej się poruszać, przebywać na świeżym powietrzu (nie należy marznąć i schładzać ciała). Przy silnym uczuciu głodu jeść należy pieczone jabłka z miodem. Wieczorem przed snem wziąć ciepłą kąpiel (10-15 min), wypić napar z ziół przeczyszczających.

3 dzień – rano wypić napar z ziół przeczyszczających, następnie w ciągu dnia do godziny 18 pić sok (podczas silnego głodu jeść pieczone jabłka z miodem). Po godzinie 14 od czasu do czasu nagrzewać powierzchnię wątroby poduszką elektryczną lub termoforem, tak do godziny 18.

O 18 przyrządzić mieszankę z 150 g oliwki z oliwek i 150 g soku z cytryny, 6 plasterków cytryny, ząbek czosnku – rozdrobnić i przełożyć do słoiczka z wieczkiem. Przygotować ciepłą pościel. Jeżeli już wszystko jest przygotowane, należy o 18.30 wziąć gorący prysznic, dobrze rozgrzać ciało, wytrzeć do sucha i położyć się do łóżka.
O 19 wstać, wypić 2 łyżki oliwki i natychmiast popić 2 łykami soku z cytryny, jeśli zbiera się Państwu na wymioty, należy ssać plasterek cytryny, a jeśli ten stan nie mija, otworzyć słoiczek z czosnkiem i powąchać. Nieprzyjemne uczucie minie. Potem należy znów się położyć i rozgrzewać wątrobę. Za 15 minut znów wypić oliwkę i sok z cytryny. I tak co 15 minut, dopóki nie wypiją Państwo całej oliwki i całego soku. Jeśli po kolejnej porcji (zwykle po czwartej) nudności nie przechodzą, proszę się ograniczyć do już wypitej ilości. Następnie należy się położyć do łóżka na prawym boku, położyć poduszkę elektryczną lub termofor na wątrobę i oglądać telewizję lub czytać. Jeśli pojawił się niepokój, proszę zażyć 2 tabletki nospy. Po 1,5-2-3 godzinach rozpocznie się parcie i opróżnienie jelit. Mniej więcej około północy proszę wypić napar z ziół przeczyszczających i położyć się spać.

Rano wypijcie napar z ziół przeczyszczających i zjedzcie lekkie śniadanie z produktów roślinnych, owoców i warzyw, można zjeść kaszę na wodzie. Na obiad zupę wegetariańską (jarzynową), na kolację pieczone lub gotowane ziemniaki z dodatkiem zieleniny, ryż z duszonymi warzywami itp. Od następnego dnia rozszerzajcie menu.

ILE RAZY NALEŻY CZYŚCIĆ WĄTROBĘ?

Pierwsze czyszczenie jest najtrudniejsze, ponieważ organizm traci dużo sił. Zwykle jest wydalane dużo starej żółci, pleśni, białych nici, zielonych „koreczków", ale kamieni może nie być. To nie oznacza, że oczyszczenie się nie udało. Po prostu wątroba jest silnie zanieczyszczona i podczas kolejnych oczyszczeń pojawią się kamienie. Drugie oczyszczanie jest już łatwiej przeprowadzić. Powinno się ono odbyć po 3-4 tygodniach, następne oczyszczania proszę przeprowadzać raz na 3 miesiące. Po 5-7 oczyszczaniach można przeprowadzać kurację raz na rok.

Czytelnik może zadać słuszne pytanie: po co tak często przeprowadzać kurację pierwszych oczyszczeń wątroby? Ponieważ wątroba składa się z czterech części, podczas jednego zabiegu oczyszczania zdąży się oczyścić tylko jedna część, w ciągu drugiego druga... A jeśli zmienią Państwo sposób odżywiania się, to po każdym z oczyszczań będą się z Państwa sypać kamienie jak w kamieniołomie. Kolejne jeszcze oczyszczania są niezbędne dlatego, że kamienie w wątrobie i przewodach żółciowych powoli się osadzały przez wiele lat, stając się gładkie, przyjmowały kształt przewodów żółciowych. (Proszę sobie przypomnieć kamienie na plaży, oszlifowane przez morską wodę). Dlatego one Państwu nie dokuczają bólami, tylko przeszkadzają wątrobie normalnie funkcjonować. Przeprowadzając oczyszczanie, rozdrabniają Państwo kamienie, one zaczynają się poruszać, ich kształt i położenie się zmieniają, swoimi chropowatymi brzegami mogą podrażniać ścianki przewodów żółciowych. W czasie kolejnych oczyszczań kamienie się zmniejszają i następnie są swobodnie wydalane. Jeśli po dwóch dniach od pierwszego oczyszczania odczuwają Państwo ciężkość w wątrobie, po dwóch tygodniach należy zabieg oczyszczania powtórzyć. Osoby, które mają usunięty pęcherzyk żółciowy, na pewno zapytają: Czy one mogą czyścić wątrobę? Nie tylko mogą, ale jest to nawet konieczne.

ODŻYWIANIE PO OCZYSZCZENIU WĄTROBY

Należy wiedzieć, jakie produkty są szkodliwe dla wątroby i wyeliminować je z jadłospisu. Są to: smażone mięso, ryby, ostre, tłuste przekąski (szczególnie zimne), produkty bogate w skrobię –

biała mąka, słodkie pieczywo, ciastka, herbatniki (zatykają tkanki wątroby), a także grzyby. Przy schorzeniach wątroby należy ograniczyć ocet, pieprz, musztardę, rzepę, rzodkiew, smażoną cebulę, kawę, kakao. W celu wzmocnienia chorej wątroby należy pić soki (burak + marchew), w proporcji 1:4, do 0,5 l dziennie. Wątrobie są niezbędne witaminy A, C, B, K, które w dużej ilości znajdują się w żółtku kurzego jaja, maśle śmietankowym, twarogu, pomidorach, burakach, marchwi, kabaczkach, kalafiorze, winogronie, arbuzie, truskawkach, jabłkach, śliwkach suszonych, przerośniętej pszenicy, dzikiej róży, porzeczkach.

Przy procesach zapalnych w wątrobie i pęcherzyku żółciowym jest bardzo pożyteczna „uzdrawiająca kasza", którą się przyrządza w następujący sposób: 100 g przerośniętej pszenicy, 100 g gotowanych buraków, 100 g gotowanej marchwi, 100 g suszonych moreli. Wszystko skręcić w maszynce do mięsa, do masy dodać 2 łyżki soku z cytryny i trochę miodu. W smaku masa powinna być przyjemnie kwaskowa. Masło śmietankowe i olej roślinny należy dodawać tylko do gotowych potraw, nie w procesie obróbki kulinarnej. Oczyszczenie wątroby specjalnie opisałem tak szczegółowo, bo to jest jakby mała operacja bez użycia skalpela, do której należy się dobrze przygotować zarówno pod względem organizacyjnym, jak i psychicznym. Jak dowiodła praktyka, pierwsze oczyszczenie można przeprowadzić zużywając 150 g oliwki, przy kolejnym ilość oleju i soku z cytryny można zwiększyć do 200 g. Zamiast picia naparu ziół przeczyszczających, dobrze jest oczyścić jelita, robiąc lewatywę (na 400 g przegotowanej wody dodać 2 łyżeczki soku z cytryny), to poprawia efekt oczyszczania jelit.

OCZYSZCZENIE WĄTROBY ZA POMOCĄ SOKÓW WARZYWNYCH

Wyżej opisane oczyszczenie wątroby za pomocą oliwy i soku z cytryny jest najbardziej skuteczne, ale są osoby, które nie są w stanie wypić oliwy, mało tego, one nawet nie znoszą jej zapachu. Co wtedy robić? Oczyścić wątrobę mieszankami soków warzywnych. Jest to kuracja dłuższa, ale nie mniej skuteczna. Pozwala ona oczyścić wątrobę i rozpuścić kamienie (jeśli one są).

Podczas stosowania kuracji należy się odżywiać zgodnie z tablicą 1 lub 2 (patrz str. 122-123).

INSTRUKCJA PRZEPROWADZENIA KURACJI W CIĄGU 1 DNIA:

1. Pić rano, w porze obiadowej i wieczorem ½ szklanki gorącej wody, do której należy wycisnąć sok z 1 cytryny.
2. Pić w ciągu dnia 3-4 razy po ½ szklanki mieszanki soków z marchwi, buraka z sokiem ze świeżego ogórka, w proporcji 10:3:3 (w ilości 250 g + 75 g + 75 g). Kurację przeprowadzać należy przez 2 tygodnie.

W pierwszym roku przeprowadzać 4 kuracje po 14 dni co 3 miesiące, dalej – raz w roku. Podobny przepis podawałem wcześniej (patrz str. 79 – rozpuszczanie kamieni za pomocą soku), z tym że mieszanka soków była podana w innej proporcji. Proporcja mieszanki soków (10:3:3) pozwala nie tylko rozpuścić kamienie, ale i wyczyścić przewody wątroby i pęcherzyka żółciowego.

5. OCZYSZCZANIE KOŚCI I STAWÓW

Podstawową przyczyną zanieczyszczenia kości i stawów jest spożywanie nadmiernej ilości posiłków.

Niestrawione posiłki gniją, tworząc toksyny, które osadzają się w stawach. Przez długie lata nieprawidłowego odżywiania nagromadzony w organizmie kwas szczawiowy „cementuje" nasze stawy. Stawy tracą elastyczność i zaczynamy odczuwać bóle. Z początku odczuwamy bóle w stopach, kolanach, w stawach biodrowych.

Toksyny „wędrują" wzdłuż kręgosłupa do ramion, szyi, barków i palców u rąk. Spróbujcie pokręcić głową, a usłyszycie chrupanie – to kryształki toksycznych kwasów, które usadowiły się w kręgosłupie.

Niezależnie od tego, ile kto ma lat, jest tylko jedna przyczyna utraty elastyczności stawów – zanieczyszczenia organizmu.

Oczyszczenie stawów należy przeprowadzić przez kolejne trzy dni, na co zużyją Państwo 15 g liści laurowych. Podczas kuracji w miarę wydalania soli i piasku mocz może zmieniać barwę od zielonej do jasnoczerwonej. To normalne zjawisko. Po 7 dniach kurację oczyszczenia należy powtórzyć.

1 dzień – 5 g liści laurowych drobno pokruszyć, wrzucić do 300 ml wrzątku, gotować na małym ogniu 5 minut, następnie wywar wlać do termosu i odstawić na 5 godzin, żeby się odstał. Następnie płyn przecedzić, przelać do naczynia i pić małymi łykami co 15-20 minut w ciągu 12 godzin.

Uwaga! Całego naparu od razu pić nie wolno, ponieważ można spowodować krwotok!

2–3 dzień – tak samo jak w pierwszym dniu. W trakcie kuracji najlepiej nie spożywać produktów białkowych (mięso, jaja, mleko, żółty ser, twaróg itp.).

6. OCZYSZCZENIE NEREK

Spośród wielu wariantów oczyszczania nerek, omawiam trzy najbardziej skuteczne. Można stosować dowolny z nich, można je stosować wymiennie. Proszę wybrać ten, który Państwu najbardziej odpowiada.

WARIANT 1

Oczyszczenie nerek powinno przeprowadzać się według wyżej podanej instrukcji oczyszczania wątroby za pomocą soków warzywnych.

WARIANT 2

Dobry wynik daje oczyszczenie nerek za pomocą mieszanki soków z marchwi, selera, pietruszki w proporcji (9:5:2).

W ciągu dnia należy 3 - 4 razy pić, najlepiej przed jedzeniem, ½ szklanki mieszanki. Czas trwania kuracji 1 - 2 tygodnie.

W pierwszym roku co 3 miesiące kurację należy powtarzać, następnie raz do roku.

WARIANT 3

W celu rozpuszczenia i rozdrobnienia do wielkości ziaren piasku wszystkich kamieni w organizmie jest wykorzystywany napar z owoców dzikiej róży.

2 łyżki stołowe owoców dzikiej róży zalać 200 ml wody, gotować przez 15 minut, następnie ostudzić. Potem przecedzić i pić po 1/3 szklanki 3 razy dziennie.

Czas trwania kuracji – 2 tygodnie. Co 3 miesiące powtarzać kurację.

Sok z pietruszki – bardzo skuteczny środek przy schorzeniach układu moczowo-płciowego i kamieniach w nerkach (szczególnie wtedy, gdy w moczu znajduje się białko lub w nerkach jest infekcja). Sok z pietruszki jest jednym z najsilniej działających, dlatego należy go spożywać oddzielnie, w czystej postaci, w ilości powyżej 30-50 g.

Po wydaleniu kamieni z nerek należy zmienić sposób odżywiania, ponieważ kamienie są tylko skutkiem, główna przyczyna ich tworzenia się leży w nadmiarze kwasu moczowego i jego soli, które to z wielu przyczyn (zaburzenia przemiany materii, dziedziczność itp.) nie są wydalane z organizmu.

Należy wyeliminować z jadłospisu produkty zawierające dużo białka, szczególnie: wątrobę, smażone i wędzone mięso, słone ryby, buliony mięsne itd. Należy spożywać więcej sałatek, surówek, owoców, przerośniętej pszenicy, codziennie pić soki.

Sałatki można umiarkowanie solić, żeby stymulować funkcjonowanie nerek, należy unikać słodyczy, która je zaburza.

7. OCZYSZCZENIE LIMFY I KRWI (ze związków radioaktywnych i toksycznych)

Tę kurację należy przeprowadzać, gdy zaczyna się epidemia grypy lub innych zachorowań bakteryjnych. Bez stosowania antybiotyków można szybko i skutecznie zniszczyć infekcję w organizmie, a oprócz tego oczyścić układ limfatyczny i krwionośny, a także uzupełnić zapasy naturalnej witaminy C, niedobór, który stwierdza się u każdego człowieka, zwłaszcza palącego (wypalony papieros niszczy w organizmie 25 mg witaminy C).

Kurację przeprowadza się przez trzy dni z kolei, podczas kuracji nie należy niczego jeść oprócz pomarańcz lub grapefruitów. W ciągu dnia należy wypić 2 l mieszanki soków. Codziennie należy sporządzać nową mieszankę soków.

Skład mieszanki na 1 dzień: *soki muszą być świeżo wyciśnięte.* 900 g soku z grapefruitów + 900 g soku z pomarańcz + 200 g soku z cytryny + 200 g wody destylowanej – razem 2 litry.

PRZEPROWADZENIE KURACJI: przepis na 1 dzień

Rano na czczo należy wypić 1 łyżkę stołową gorzkiej soli, rozpuszczonej w szklance ciepłej wody. Robi się to w celu wydalenia ze wszystkich części organizmu znajdujących się tam toksyn. Roztwór ten działa na zatrutą toksynami limfę jak magnes na opiłki żelaza. W wyniku tego wszystkie „odpady" zbierają się w jelitach i są wydalane niejednokrotnym przeczyszczeniem. Działając przeczyszczająco, roztwór soli gorzkiej wymywa toksyny i odwadnia organizm. Żeby zrekompensować ubytek wody, pije się 2 litry mieszanki soków, która jest szybko wchłaniana przez organizm.

Po wypiciu roztworu gorzkiej soli należy się ciepło ubrać i co 30 minut pić mieszankę soków po 100 g, dopóki się ona nie skończy. *Gdy pojawi się uczucie głodu, jeść pomarańcze lub grapefruity, ale nic poza nimi.* W czasie kuracji mogą Państwo silnie się pocić, to normalne zjawisko, wraz z potem organizm pozbywa się wszelkich nieczystości.

W ciągu drugiego i trzeciego dnia postępować tak samo, jak w pierwszym dniu. Kurację stosować wczesną wiosną i późną jesienią, przed rozpoczęciem epidemii chorób górnych dróg oddechowych.

8. OCZYSZCZENIE NACZYŃ

WARIANT 1

Przygotować mieszankę: 1 szklanka nasion kopru włoskiego, 2 łyżki stołowe zmielonego korzenia kozłka lekarskiego, 2 szklanki miodu naturalnego. Całą tę mieszankę wlać do termosu o pojemności 2 l i zalać wrzącą wodą do wypełnienia termosu. Odstawić na 24 godziny. Następnie przecedzić, przelać i trzymać w lodówce na najniższej półce. Pić po 1 łyżce stołowej 3 razy dziennie na 30 minut przed jedzeniem. Dopóki się nie skończy mieszanka. Kurację przeprowadzić 1 raz do roku.

WARIANT 2

Tak samo znakomicie naczynia oczyszcza nalewka czosnkowa (patrz str. 76).

TERAZ DOKONAMY PODSUMOWANIA:

1) zaczynamy od oczyszczenia jelita grubego;
2) prawidłowo łączymy pokarm według tabeli 1, 2 lub 3;
3) odtwarzamy naturalną florę bakteryjną;

4) następnie kolejno oczyszczamy: wątrobę, stawy, nerki, układ limfatyczny i krwionośny, a na końcu naczynia.

W rezultacie w ciągu pierwszego roku będą Państwo przeprowadzać kolejno kuracje oczyszczające. W następnym roku wszystkie kuracje oczyszczające należy przeprowadzać tylko raz w roku, i tak już do końca życia, upajając si zdrowiem i energią swojego niestarzejącego się ciała.

Myślę, że każdy doskonale rozumie, że nasz organizm to nie mechaniczna suma różnych organów, a każdy z nich spełnia jedynie określoną funkcję, lecz skomplikowany biosystem, w którym jest wszystko wzajemnie powiązane ze sobą. Dlatego samo tylko oczyszczanie organizmu bez ruchu, świeżego powietrza, zabiegów wodnych i prawidłowego odżywiania, nie przyniesie oczekiwanych rezultatów.

Realizujcie stopniowo jedną zasadę zdrowia za drugą, nie spieszcie się, wykonujcie wszystko z radością. Pamiętajcie, że pomagacie swojemu własnemu organizmowi.

Życzę powodzenia...

RADOŚĆ NA STAROŚĆ

VI zasada zdrowia
PSYCHIKA

PSYCHIKA

VI zasada zdrowia

„APTEKA" W KAŻDYM Z NAS...

Komórki każdego organu naszego ciała posiadają zdolność prymitywnego myślenia (które przypomina nierozwinięte myślenie małego dziecka). To zawsze należy brać pod uwagę, gdy zwracamy się do chorego organu. Człowiek powinien w myślach wyobrazić sobie chory organ, skoncentrować swoją uwagę na przekazaniu w myślach rozkazu choremu organizmowi, spróbować się z nim „skontaktować". Żądania skierowane do chorego organu powinny być wyrażone zdecydowanie i jasno, w formie przemawiania do kapryśnego, ale ukochanego dziecka, które nie wypełnia swoich obowiązków. Każdy organ naszego ciała ma swój „charakter". Żołądek i wątroba to organy uparte i „niezbyt mądre", dlatego zwracać się do nich należy w tonie ostrym, rozkazującym. Serce jest mądrzejszym organem, ulega rozkazom w delikatnej, serdecznej formie. Ogólnie system samoleczenia można przedstawić w następujący sposób: należy się położyć, zrelaksować, rozluźnić mięśnie, położyć prawą rękę na chorym organie i rozmawiać z nim przez 5-10 minut jak z kochanym, nieposłusznym dzieckiem. Na przykład: jeśli serce bije silnie i nierównomiernie, połóżcie na nie prawą rękę i „przemówcie" do niego miło i delikatnie: serce, uspokój się, bij, pracuj spokojnie i równomiernie itd. Po kilku minutach zauważymy, że serce się uspokoiło i zaczyna bić równo.

W taki sposób możemy oddziaływać na wszystkie chore organy naszego ciała, jak również i na system nerwowy, pamięć, wzrok, słuch itp. Najważniejsze, by robić to poważnie, przyznając się do tego, że za wiele naszych chorób jesteśmy sami odpowiedzialni. W każdym z nas natura „umieściła" cudowną, znakomitą, indywidualną „aptekę", w której znajdują się wszystkie leki na wszystkie nasze choroby, pozostaje tylko zadanie: nauczyć się z tych leków korzystać.

RADOŚĆ NA STAROŚĆ

Na przestrzeni wieków ludzie marzyli o nieśmiertelności i poszukiwali legendarnego eliksiru młodości. Obecnie tym zagadnieniem zajmują się uczeni z całego świata.

Wiele osób uważa, że ze starością nie należy walczyć. Starego organizmu nie należy próbować zmieniać, podobnie jak spróchniałego drzewa nie da się ożywić lub odbudować rozpadającej się, zmurszałej chaty. Starość należy podtrzymywać, polepszać jej stan, likwidować cierpienia, związane z dolegliwościami, pomagać organizmowi zgasnąć bez męczarni.

Chciałbym przedstawić inny pogląd na tę sprawę. Istnieje przekonanie, że natura stworzyła dla nas nienaruszalny porządek: rodzimy się, dorastamy, starzejemy się i w końcu umieramy. Okazuje się jednak, że natura zarządziła inaczej: co sekundę w organizmie człowieka pojawia się sześć milionów nowych krwinek i sześć milionów starych obumiera. W ten sposób odbywa się ciągłe odnawianie organizmu. Powstaje pytanie: dlaczego organizm się starzeje? Właśnie dlatego, że sami tego chcemy.

„Nie tak straszna jest śmierć, jak straszna jest starość" głosi jedna z mądrości Wschodu. Każdy człowiek boi się starości, chorób, starczego zniedołężnienia, bezradności. Samo pojawienie się myśli o starości jest już jej początkiem.

Wszystko zależy od naszej psychiki, od naszego mózgu, który „nastrajamy" na nieuchronność starzenia się i śmierci.

W odróżnieniu od wszystkich żyjących na ziemi organizmów, człowiek, dzięki swojej psychice, może wpływać na wszystkie procesy życiowe w swoim organizmie. Nauka zna nieskończoną liczbę faktów, kiedy to ludzie, bezustannie myślący o jakiejś chorobie, zapadali na nią, i na odwrót – pozbywali się nieuleczalnych chorób dzięki pozytywnemu stanowi psychicznemu.

STAROŚĆ TO NASTAWIENIE

Od określonego momentu życiowego człowiek zaczyna świadomie dzielić swoje życie na etapy: małżeństwo, urodzenie dziecka, oczekiwanie na rozpoczęcie menopauzy (u kobiet), przejście na emeryturę itd. Z uwagi na przekonanie człowieka o tym, że poszczególne etapy jego życia się zmieniają i nic na to nie można poradzić, sami jak gdyby „programujemy" swój organizm na nadejście starości. Jak tylko pojawią się pierwsze zmarszczki, wypadają włosy, pojawiają się bóle w stawach, człowiek stawia sobie diagnozę: to z powodu mojego starzenia się. To znaczy, że muszę się oszczędzać, gromadzić siły, mniej się ruszać, więcej odpoczywać. Nikt nie myśli o tym, że pojawiające się oznaki starości to stan, w który sami się „wpędziliśmy" złym odżywianiem, lenistwem, brakiem chęci do bycia młodym. *Za pomocą psychiki sami siebie zabijamy. Zaczynamy się starzeć, bo sami podświadomie tego chcemy.* Przełomowym etapem w naszym życiu jest osiągnięcie 40 - 50 lat. W tym okresie należy szczególnie dbać o czystość i ładny wygląd swojej skóry, włosów, rąk, nóg, paznokci, o kształty swojego ciała, sprawność ruchową stawów i mięśni.

Lekki chód, prosta postawa, elastyczne ciało, wciągnięty brzuch, czyste, bystre oczy – to cechy niestarzejącego się ciała. Błędem, szczególnie u kobiet, jest to, że zauważywszy na swoim ciele zmarszczki lub fałdy tłuszczowe, coraz rzadziej zaglądają do lustra, starają się nie oglądać własnego odbicia, a podświadomie przez cały czas dręczy je myśl: Czyżbym to była ja? Do czego mnie doprowadziło życie? Jak też ja źle wyglądam! Czyżby to już była starość?

Takie myśli prowadzą do zniechęcenia do życia i powodują brak zainteresowania własnym wyglądem. Kobieta przestaje akceptować siebie, zachwycać się sobą i jeśli myśli w ten sposób, to już „zameldowała na stałe" starość w swoim organizmie.

MECHANIZM STARZENIA SIĘ

Starość to zachwianie równowagi między starymi i młodymi komórkami. Dzieje się tak z dwóch, uzależnionych od siebie, powodów. Z jednej strony w organizmie „starzeją się" hormony, z drugiej zaburza się kontakt pomiędzy hormonem a komórką. Nasz mózg wpływa na komórkę poprzez swojego pośrednika – hormony.

Każda komórka ma swoje końcówki – receptory. Jeśli receptory nie reagują na hormony, następuje starzenie się komórki i jej obumieranie. Spróbuję wyjaśnić to zjawisko na prostym, banalnym przykładzie. Przypuśćmy, że telewizor jest naszym organizmem, pilot od niego to nasz mózg, który może go włączać i wyłączać, zmieniać kanały itd., baterie w pilocie to hormony, kontakt między pilotem i bateriami to receptory.

Jeśli baterie się zestarzały, źle pracują, niszczą kontakty utleniając się. Całkowicie sprawny układ telewizor - pilot zaczyna funkcjonować nieprawidłowo, a następnie przestaje w ogóle działać. Ale jeśli się wymieni baterie i oczyści kontakty, to wszystko zaczyna pracować z nową siłą. Coś podobnego zachodzi w naszym organizmie, tylko proces ten jest bardziej skomplikowany.

RECEPTY NA MŁODOŚĆ

Obecnie stworzono hormony nowej generacji, jak się powszechnie twierdzi, bez skutków ubocznych. Można wprowadzić do organizmu sztuczne hormony, ale jak wskazuje praktyka, to tylko pozwala zahamować proces starzenia. Na dodatek nie wszyscy i nie zawsze, stosując hormony, uzyskują zamierzony efekt. Jak twierdzą uczeni, wykorzystujemy możliwości naszego mózgu tylko w 10%. A to znaczy, że w organizmie każdego z nas są rezerwy, zapasy hormonów, które należy „zmusić" do pracy.

Problem polega na tym, jak wydać im odpowiednie polecenie. Natura postąpiła bardzo mądrze, dając człowiekowi pamięć. Wspomnienia budzą w nas emocje, a emocje zmuszają hormony do pracy z nową siłą, a także i receptory komórek, a więc także cały organizm.

Znaczy to, że eliksirem młodości są przede wszystkim nasze pozytywne myśli, emocje i uczucia.

Zupełnie nie ma znaczenia, ile mamy lat, zawsze możemy przesunąć wskazówki naszego „zegara biologicznego" ze starości na młodość. W tym celu należy uczyć się wybierać z pokładów pamięci wspomnienia o młodości, o pierwszej sympatii, o wszystkich miłych chwilach, które przeżyliśmy. Przecież dla człowieka (zwłaszcza dla kobiet) nie ma lepszego lekarstwa na choroby niż miłość!

Nieprzypadkowo dawniej kobiety przechowywały swoją suknię ślubną i od czasu do czasu wyciągały, żeby się nią pozachwycać, a czasami nawet ubierały ją. Regularnie należy przeglądać zdjęcia, na których zostaliśmy utrwaleni w młodym wieku, częściej spotykać się z przyjaciółmi z młodości, ze szkoły. Takie spotkania dla naszego organizmu, naszej psychiki są swoistym eliksirem młodości. *Stałe nastawienie psychiczne na młodość i zdrowie nie tylko hamuje nadejście starości, ale może przywrócić nam młodość.*

Żeby żyć długo, trzeba umieć żyć szczęśliwie. To jest taka sztuka, której nikt nas nie może nauczyć. Każdy musi się tego nauczyć sam.

Korzystając z podanych niżej rad mędrców, możemy przedłużyć młodość, zdobyć zdrowie, powstrzymać starość.

POMÓŻ SOBIE SAM

1. Kochaj siebie takim, jakim jesteś.
2. Nigdy nikomu nie zazdrość.
3. Jeśli się sobie nie podobasz, zmień się.
4. Złość, obraza, krytyka siebie i innych to najbardziej szkodliwe emocje dla zdrowia.
5. Jeśli coś postanowiłeś, działaj.
6. Pomagaj biednym, chorym, starym i czyń to z radością.
7. Nigdy nie myśl o chorobach, starości, śmierci.
8. Najlepszym lekarstwem na choroby i starość jest miłość.
9. Twoimi wrogami są: obżarstwo, chciwość, uleganie własnym słabościom.
10. Troski prowadzą do zejścia z tego świata. Wzdychania niszczą ciało człowieka.
11. Największym grzechem jest strach i podłość.
12. Najlepszym dniem jest dzień dzisiejszy.
13. Najlepsze miasto to to, w którym ci się najbardziej powodzi.
14. Najlepsza praca to ta, którą lubisz.
15. Największy błąd – utrata nadziei.
16. Największy prezent, który możesz podarować lub otrzymać, to miłość.
17. Największe bogactwo to zdrowie.

W ZGODZIE Z NATURĄ

Rozmowa z Autorem, zamieszczona na łamach „Expressu Ilustrowanego" po zakończeniu cyklu artykułów „Jak żyć długo i zdrowo"

– Pańskie przepisy na zdrowe i długie życie spotkały się z ogromnym zainteresowaniem Czytelników. Niektóre z nich były znane, inne stanowiły zupełną i, co tu ukrywać, często szokującą nowość.

– Artykuły, które pisałem, zawierały fakty naukowe, sprawdzone, lub zebraną z „drobinek" informację o mądrości naszych dalekich przodków. Czytając tę lekturę, wielu zrozumiało, że nieprawidłowo żyje, je, oddycha, śpi. Nie ma w tym nic dziwnego, bo przyzwyczailiśmy się nieprawidłowo żyć. Tak żyli nasi rodzice i rodzice naszych rodziców, tak żyjemy my i tak będą żyć nasze dzieci. Przecież człowiek rozwija się tylko poprzez naśladownictwo. *Niewłaściwy tryb życia i choroby, które ten tryb życia wywołuje, są przekazywane z pokolenia na pokolenie.*

– Jest jednak współczesna medycyna, są nowoczesne założenia dietetyki. One nie oceniają życia współczesnego człowieka aż tak ponuro.

– Tak naprawdę zdrowie każdego człowieka to jego prywatna sprawa. Lekarze zajmują się tylko naszymi chorobami. Przemysł farmaceutyczny zbankrutuje, jeśli przestaniemy chorować. Nikt nie zamknie gorzelni i zakładów przemysłu tytoniowego, chociaż wszyscy wiedzą, jaką szkodę wyrządzają ich produkty naszemu zdrowiu. Przemysł spożywczy nadal będzie dodawał do kiełbas sól i azotany, a cukiernicy cukier i drożdże do ciastek, chociaż i jedni, i drudzy na pewno wiedzą, jak te produkty niszczą układ pokarmowy. *Więc trzeba zrozumieć, że o swoje zdrowie każdy musi zadbać sam.*

– **Skąd więc taka niefrasobliwość w traktowaniu własnego zdrowia?**

– Natura dała człowiekowi bezinteresownie bezcenne bogactwo, zdrowie. Jedyne, czego zażądała od „swego dziecka" w zamian, to życia według jej praw. Niestety, na nieszczęście lenistwo jest naszą wrodzoną cechą i jeśli z tą wadą nie walczymy, a wręcz przeciwnie, kultywujemy ją w sobie, to stajemy się mało ruchliwi, otyli, chorzy. Nie chcieliśmy żyć w zgodzie z prawami natury, zaczęliśmy tworzyć swoje „sztuczne prawa życia", zatruwamy powietrze i wodę, zastąpiliśmy naturalne, pożyteczne produkty ładnymi, ale sztucznymi.

– **Mamy też cały arsenał najwymyślniejszych leków na każdą chorobę...**

– Rzeczywiście. Tyle że zapomnieliśmy o prostej prawdzie, że każdy ból to sygnał o tym, że coś jest w organizmie nie w porządku, zaczęliśmy szukać uniwersalnego środka, by ten ból „zagłuszyć". I tak oto pojawiły się lekarstwa, które nie likwidują przyczyny bólu, a tylko oddziałują na jego skutki. Im więcej lekarstw się pojawiło , tym więcej chorób powstawało, ponieważ każde lekarstwo, likwidując jedną chorobę, wywoływało inną (nazywamy to skutkami ubocznymi). Każdy organ ludzkiego ciała nagle zaczął cierpieć na taką liczbę chorób, że powstała konieczność, dla wygody leczenia, podzielenia człowieka na części składowe. W ten sposób stworzony przez naturę jednolity, całościowy organizm, w którym wszystko jest ściśle ze sobą powiązane, składający się z „ciała" i „duszy", został podzielony na serce, nerki, wątrobę, układ nerwowy, mózg, rdzeń itd. Kardiolog zaczął leczyć serce, urolog nerki, a laryngolog ucho, gardło i nos. I od tego momentu człowiek, jako jedna całość, przestał istnieć. Stworzywszy silnie działające lekarstwa i doskonałą technikę medyczną, nadal mimo wszystko chorujemy. Setki tysięcy osób rocznie umiera na raka, miliony na ataki serca i – co jest znamienne – im bogatszy kraj, tym cięższe i bardziej wyrafinowane choroby. Dzieje się tak dlatego, że nie można wyprodukować lekarstwa przeciwko nawykowi obfitego jedzenia, nieprawidłowego sposobu oddychania, małej ruchliwości, czyli leku na nieprawidłowy tryb życia.

– Czy to już koniec zagrożeń?

– Niestety, nie. Obecnie uczeni i lekarze na całym świecie są zaniepokojeni, że system odpornościowy u większości osób jest już osłabiony w wieku 20 lat. Pojawiły się także wirusowe choroby, na które nie działają nawet najsilniejsze antybiotyki. Bakterie wypowiedziały człowiekowi wojnę, której wyniki są nie do przewidzenia. Osłabiony układ odpornościowy współczesnego człowieka to tylko skutek, przyczyna kryje się w czymś innym, mianowicie w pogwałceniu praw natury.

– Proces niszczenia zdrowia zaczyna się, Pana zdaniem, już w okresie niemowlęcym.

– Jedynym pokarmem dla niemowlęcia jest mleko matki, tak ustaliła natura. Tylko ono tworzy zdrową mikroflorę jelita grubego, którego bakterie chronią organizm dziecka przed każdą infekcją. Właśnie mleko matki tworzy u dziecka instynkt samozachowawczy, który nazywamy naturalnym instynktem. Lecz jeśli dziecko praktycznie od urodzenia otrzymuje sztuczny pokarm, zwyrodnione jelito grube nie jest w stanie chronić je przed chorobami. Mało odporny organizm zaczyna często chorować. Szpikujemy go antybiotykami, które na swej drodze niszczą i zdrowe, i chore mikroorganizmy. Przez to prawie każde dziecko od dzieciństwa często ma zaparcia, które są stale podtrzymywane zwiększonym spożywaniem rafinowanych i syntetycznych produktów. Wskutek tego rozwija się choroba – dysbakterioza, polegająca na zmianie normalnej flory bakteryjnej, która niszczy układ odpornościowy. Czy takie dziecko może być zdrowe?

– Co powoduje, że w organizmie człowieka pojawia się coraz więcej bakterii zjadliwych, wywołujących bardzo groźne choroby?

– Wiadomo, że najlepszym środowiskiem dla życia bakterii chorobotwórczych i wirusów jest środowisko zasadowe. Właśnie takie środowisko powstaje w organizmie na skutek nadmiernego spożywania mięsa, słodyczy, białego pieczywa. Przez nieprawidłowe odżywianie latami tworzymy w swoim organizmie idealne warunki do rozwoju bakterii chorobotwórczych. Od chwili wynalezienia nowego antybiotyku do jego wdrożenia mija wiele lat i przez ten czas bakterie chorobotwórcze znów zdążą się zmodyfikować. Natura nie wynajduje nowych lekarstw. Przez wiele setek lat najlepszym antybiotykiem na każdą infekcję w jej „aptece" był i będzie czosnek.

– Na czym polega fenomenalna zdolność czosnku do walki z bakteriami?

– Czosnek stale „modyfikuje" swoje właściwości bakteriobójcze, dostosowując się do nowych rodzajów bakterii, a „kieruje" tym procesem natura. Ci, którzy regularnie stosują w potrawach czosnek lub jego wyciągi, rzadko są narażeni na infekcje.

– Leku idealnego, skutecznego na wszystkie choroby jednak nie ma?

– Gdy reklama obiecuje nam niezwykłe środki na wszystkie choroby, ja osobiście nie wierzę. Cudownych środków nie ma! Nie ma łatwych metod, prowadzących do zdrowia. Zdrowia w aptece się nie kupi, na nie trzeba zapracować! *Nasz organizm jest jednolitym biosystemem. To cząsteczka otaczającej nas przyrody, która nieustannie wymienia się z nią informacją za pośrednictwem powietrza, wody i pożywienia. Energia, którą czerpiemy od natury, przemienia się w naszym organizmie w energię intelektualną, fizyczną i duchową. I dlatego człowiek ma tylko dwie możliwości: albo żyć zgodnie z prawami natury i być zdrowym, albo te prawa naruszać i nieustannie chorować.*

– Jakiej rady udzieliłby Pan naszym Czytelnikom, pragnącym żyć zdrowo i długo?

– Proszę powrócić do prostego, naturalnego pożywienia, nauczyć się prawidłowo oddychać i zażywać dużo ruchu, hartować swe ciało wodą, powietrzem i światłem słonecznym. Żyjąc zgodnie z naturą, nasz organizm leczy się i odmładza sam.

PYTANIA
I
ODPOWIEDZI

Pytanie: W jednym ze swoich artykułów pisał Pan, że przyjmowanie syntetycznej witaminy C jest szkodliwe. Dlaczego? (Maria K.)

Odpowiedź: Szkodliwe jest nie tylko przyjmowanie witaminy C, ale i wszystkich syntetycznych witamin.

Po pierwsze: Witaminy to związki, które nie są wytwarzane drogą syntezy w organizmie człowieka. W roślinach powstają w procesie biosyntezy pod wpływem światła Słońca i Księżyca. W komórkach roślin witaminy występują w łatwo przyswajalnej dla człowieka postaci (prowitaminy), oprócz nich w roślinach występuje niezbędny zbiór soli mineralnych, które sprzyjają pełnemu przyswojeniu ich przez organizm. Właśnie dzięki temu przedawkowanie naturalnych witamin jest bardzo trudne, a syntetycznych – bardzo łatwe.

Po drugie: Sztuczne witaminy to krystaliczna, nieorganiczna substancja (produkt rafinowany), obca dla organizmu. Jest ona albo z trudnością przyswajana przez organizm, albo też nie jest w ogóle przyswajana (szczególnie przy zaburzeniach metabolizmu). Wielu z Państwa przekonało się o tym na własnej skórze, kiedy mocz (po spożyciu witamin) posiada kolor i zapach spożytych witamin. Często zdarzają się różne formy nietolerancji organizmu (mdłości, osłabienie, swędzenie) po spożyciu sztucznych witamin. Podczas takiego „leczenia" przeciążamy tylko nerki i wątrobę, naruszamy równowagę substancji mineralnych w organizmie.

Po trzecie: Jednym ze skutków ubocznych stosowania syntetycznych witamin jest zwiększenie apetytu, ponieważ organizm, żeby je przyswoić, potrzebuje dodatkowej porcji soli mineralnych, węglowodanów, składników białkowych. W roślinach się one znajdują, a w witaminach syntetycznych ich nie ma, dlatego człowiek instynktownie zaczyna intensywnie jeść, co prowadzi do nadwagi (Amerykanie są najbardziej otyłym narodem na świecie między innymi przez to, że jedzą sztuczne witaminy w dużych ilościach). W naszej świadomości o witaminie C utrwaliła się opinia nieszkodliwego preparatu, jednak w ostatnich latach lekarze coraz częściej zaczęli obserwować reakcje uboczne, spowodowane nadmiernymi dawkami syntetycznej witaminy C. To nie tajemnica, że wiele osób przyjmuje witaminę C i z jej pomocą leczy grypę i niektóre inne choroby wirusowe, spożywając według swojego uznania dawkę 4-6 g na dobę, podczas gdy norma wynosi około 100 mg.

Uczeni z wielu krajów solidaryzują się z opinią, że przyjmowanie syntetycznej witaminy C nie zwiększa odporności organizmu na choroby przeziębieniowe, a jej zwiększone dawki pogarszają przebieg niektórych chorób infekcyjno-alergicznych, w szczególności reumatyzmu.

Najbardziej niebezpiecznym skutkiem maksymalnych dawek witaminy C jest zwiększona krzepliwość krwi, wskutek czego powstają skrzepy, oprócz tego witamina C może sprzyjać powstawaniu w nerkach i pęcherzu moczowym kamieni z soli kwasu szczawiowego i moczowego.

Osobom, które otrzymywały witaminę B2 w zastrzykach lekarze odradzają przyjmowanie witaminy C, ponieważ ona niszczy tę witaminę.

Chorzy na cukrzycę powinni wiedzieć, że duże dawki witaminy C zaburzają proces wytwarzania insuliny przez trzustkę i zwiększają zawartość cukru w moczu i krwi. W ostatnim czasie stwierdzono, że duże dawki witaminy C hamują tempo przesyłania impulsów nerwowo-mięśniowych, na skutek czego zwiększa się zmęczenie mięśni i jest zaburzona koordynacja reakcji wzrokowych i ruchowych.

Sądzę, że wniosek może być jednoznaczny – przed spożyciem witaminy C należy obowiązkowo skonsultować się z lekarzem i przyjmować tylko naturalne witaminy, w które obfitują warzywa i owoce. Na pewno ich Państwo nie przedawkują.

Pytanie: Na ubiegłorocznym festiwalu jasnowidz powiedział mi, że nie należy nosić dużo pierścionków na rękach. (Halina C.)

Odpowiedź: I miał absolutną rację. W toku badań naukowych stwierdzono związek niektórych chorób, występujących u kobiet, z noszeniem na rękach biżuterii.

Jak wiadomo, na palcach znajduje się wiele punktów czuciowych, które są związane z organami wewnętrznymi i dlatego obrączka na serdecznym palcu prowokuje schorzenia sutka, organów płciowych i gruczołów wydzielania dokrewnego.

Obrączka (pierścionek) na palcu środkowym – stwardnienie tętnic (miażdżyca), nadciśnienie tętnicze.

Obrączka (pierścionek) na palcu wskazującym – bóle pleców, zwapnienie kości i zapalenie korzonków.

Częste noszenie ozdób na małym palcu prowadzi do schorzeń dwunastnicy.

Stąd wniosek: nie należy obciążać rąk pierścionkami (obrączkami). Obowiązkowo trzeba zdjąć na noc nawet obrączkę ślubną. Od czasu do czasu należy dać rękom całkowicie wypocząć. W czasie wolnym (np. kiedy oglądają Państwo telewizję) dobrze jest masować na przemian palce lewej i prawej ręki po 1 minucie, ponieważ palce rąk są związane z systemem oftalmologicznym oczu.

Jeśli będą to Państwo robić codziennie, to okulary nie będą Wam potrzebne, a i ręce będą zawsze wypoczęte.

Pytanie: Czy sposób odżywiania może wpłynąć na płeć przyszłego dziecka? (Elżbieta, Maciej P.)

Odpowiedź: W ostatnich latach nagromadziło się niemało faktów, potwierdzających związek między spożywaniem określonych produktów a płcią przyszłego dziecka.

Na jednej z japońskich wysp Dzinodzi przez wiele lat rodzi się 4 razy więcej chłopców niż dziewczynek. Japońscy uczeni sądzą, że przyczyną tego jest miejscowa woda pitna, zawierająca zwiększoną ilość związków zasadowych. Według opinii francuskich medyków, sposób odżywiania w 80% określa płeć przyszłego dziecka, na przykład żeby począć chłopca małżonkowie powinni spożywać więcej potasu, a dziewczynkę – wapnia.

Produkty sprzyjające urodzeniu chłopca: zasadowe wody mineralne, soki owocowe, wędliny, wędzonki, białko jaj, ziemniaki, grzyby, groch, banany, daktyle, morele, pomarańcze, czereśnie, śliwki suszone.

Produkty sprzyjające urodzeniu dziewczynki: wapniowe wody mineralne, czekolada, kakao, jaja, twaróg, kefir, śmietana, żółte sery, pieczywo, wypieki bez drożdży, bakłażany, buraki, marchew, ogórki, cebula, papryka, jabłka, truskawki, maliny, grapefruity, cytrusy, orzechy, cukier, miód, dżemy.

Pytanie: Wiele lat bez rezultatu leczę zapalenie gruczołu krokowego. Może medycyna ludowa zna jakieś recepty? (Roman B.)

Odpowiedź: Uważam, że nie zaszkodzi napisać o przyczynach tej choroby, ponieważ według danych statystycznych ta choroba powstaje u co trzeciego mężczyzny po 45. roku życia. W swoim początkowym studium zapalenie stercza przebiega bezobjawowo i dlatego należy zwrócić uwagę szczególnie na to, czy:

1) częściej niż zwykle odczuwamy parcie na mocz;
2) strumień moczu jest cienki, mocz oddajemy z przerwami, wolno;
3) w miarę powiększania się gruczolaka parcie na mocz staje sięc oraz częstsze, budzi w nocy, zakłóca sen;
4) pomimo silnego natężania się, nie udaje się całkowicie opróżnić pęcherza moczowego.

Jeśli na te objawy nie zwróci się uwagi i nie rozpocznie leczenia, to mogą się rozwinąć infekcyjne procesy zapalne w drogach moczowych, które spowodują ciężkie schorzenia nerek i częściowe osłabienie potencji. Dlatego mężczyznom po 40. roku życia radzę raz w roku odwiedzić urologa, a po 55. roku życia dwa razy w roku.

Środki profilaktyczne, których należy przestrzegać po 40. roku życia:

1. Unikać siedzącego trybu życia.
2. Nie doprowadzać do zaparć.
3. Nie ziębić ciała (szczególnie nóg).
4. Nie nadużywać alkoholu.
5. Starać się więcej spożywać warzyw, owoców, kwaśnych produktów mlecznych: kasze na wodzie, buraki, kapusta, ciemne pieczywo, pić koktajle ze świeżych soków: burak + marchew + ogórek w proporcji (1:3:1).
6. W chłodnych porach nosić bieliznę, nie stać długo na mrozie.
7. Więcej spacerować niezależnie od pogody.
8. Nie dopuszczać do nadwagi.
9. Zdecydowanie ograniczyć cukier, słodycze, wyroby mączne.
10. Prowadzić aktywny tryb życia, koniecznie rano się gimnastykować, przeprowadzać kuracje hartujące (naprzemienny ciepły i zimny natrysk) i szczególnie hartować stopy (krótkotrwałe polewanie zimną wodą, rozcieranie, chodzenie boso po trawie, po plaży itd.).

Tym, którzy już cierpią na tę chorobę, polecam następujące sposoby:

Recepta nr 1. *Oczyszczenie układu moczowo-płciowego*

W pierwszym dniu do półlitrowego słoika wsypać 2 łyżki nieoczyszczonego ryżu, nalać do pełna zimnej, przegotowanej wody i odstawić na 24 godziny. W drugim dniu wziąć drugi słoik, nasypać do niego ryżu, zalać wodą, a z pierwszego słoika ryż przepłukać, znów zalać wodą i odstawić na 24 godziny. I w ten sposób codziennie dodawać nowy słoik, a w pozostałych przepłukiwać ryż i zalewać wodą.

Po 5 dniach będziemy mieli 5 słoików z zamoczonym ryżem. W szóstym dniu ugotować ryż, który był w słoiku nr 1, gotować 15 minut i od razu zjeść niczym nie zagryzając. Można jedynie dodać niewiele masła śmietankowego lub oleju roślinnego, ale w żadnym wypadku soli. Po zjedzeniu ryżu przez 3 godziny nie należy nic jeść ani pić. Do słoika nr 1 znów nasypać ryżu, zalać wodą i postawić ze słoikiem nr 5. Tak postępować przez 2 miesiące, po kolei przestawiając słoiki.

Ta kuracja likwiduje procesy zapalne prostaty u mężczyzn i układu moczowo-płciowego u kobiet.

Recepta nr 2. *Herbata imbirowa*

Codziennie pić 1 szklankę herbaty o następującym składzie: 1 torebkę zielonej lub czarnej herbaty należy zalać wrzątkiem, odczekać 3 minuty, następnie włożyć 2 łyżeczki od herbaty śmietanki, pół łyżeczki masła, 1 łyżeczkę miodu i pół łyżeczki sproszkowanego imbiru. Wszystko dokładnie rozmieszać i pić. Ten przepis poleca mądra nauka – mikrobiotyka. Pić herbatę imbirową należy przez 2 miesiące, a jeśli będzie smakowała to i do końca życia. Składniki tej herbaty nasycają organizm wszystkimi mikro- i makroelementami.

Pytanie: Pisze Pan, że kawa jest szkodliwa, a ja czytałam o tym, że kawa jest pożyteczna (o korzyściach płynących z picia kawy). (Bożena T.)

Odpowiedź: Jeśli chcą Państwo mieć dobre zdrowie, unikajcie spożywania kawy. Kawa jest pozbawiona wartości odżywczych. Tomina znajdująca się w tym napoju, utrudnia przyswajanie białka, zmniejsza zawartość cennych mikroelementów w organizmie, takich jak: żelazo, wapń, a także witamin z grupy B. Mocna kawa silnie „uderza" w wątrobę, dlatego amatorów kawy po wypiciu kolejnej filiżanki (po 10-15 minutach) zaczyna „trząść". Francuscy medycy stwierdzili, że ci, którzy piją powyżej 3 filiżanek kawy dziennie cierpią na ukrytą formę anemii, a u osób pijących do 6 filiżanek kawy dziennie zaobserwowano objawy paranoi. Należy jeszcze dodać, że kawa posiada zdolność zatrzymywania w organizmie radionukleidów.

Bardziej optymistycznie patrzą na kawę uczeni z USA, którzy w ciągu 25 lat prowadzili badania wśród 85 tysięcy pracowników amerykańskich szpitali. Wyniki przez nich opublikowane dowodzą, że kofeina silnie oddziałuje na organizm. Istnieje związek między piciem kawy a skłonnościami samobójczymi.

Ci, którzy w ogóle nie piją kawy, o 66% częściej myślą o tym, że nadszedł czas pożegnać się z życiem. Wniosek jest jednoznaczny: w małych dawkach (1 filiżanka dziennie) kawa posiada silne właściwości antystatyczne. Tak więc nie istnieją szkodliwe i korzystne produkty. Nawet trucizna w małych dawkach jest lekarstwem. Wszystko zależy od umiaru.

Dowiedziono naukowo, że różne płyny w różny sposób wymywają kamienie w nerkach.

1. Coca-cola – 2%
2. Przegotowana woda – 2-4%
3. Stołowa woda mineralna – 6 – 8%
4. Inne rodzaje wody mineralnej – 12-18%
5. Herbata – 12%
6. Kawa – 16%
7. Piwo – 20%
8. Zielona herbata – 46-60%

Dlatego dobrze jest od czasu do czasu pić wodę mineralną, herbatę, kawę, a nawet piwo, ale najlepiej jest pić zieloną herbatę.

Pytanie: Ja nie wierzę, że prawidłowo się odżywiając można żyć 150 lat. (Jacek K.)

Odpowiedź: Sądzę, że Pan jest jeszcze zbyt młody, a młodzi ludzie nie myślą o zdrowiu. Ale im człowiek staje się starszy, tym więcej zaczyna rozumieć, jakim skarbem jest zdrowie i tym bardziej zaczyna je cenić. Nie chodzi o to, żeby żyć długo, chodzi o to, żeby żyć nie chorując.

Polegajmy na doświadczeniu hinduskich długowiecznych, którzy żyją w dolinie Chunza. U 32 tysięcy ludności, która nie zna chorób, średnia długość życia wynosi 120 lat! Na czym polega sekret?

Szkocki lekarz McCarrison, który przeżył 14 lat w bezpośredniej bliskości Chunzy, doszedł do wniosku, że głównym „źródłem" długowieczności tego narodu jest sposób odżywiania.

Mieszkańcy doliny Chunza są wegetarianami. Zwykle ich jadłospis składa się z surowych warzyw i owoców (latem), kiełków zbóż, suszonych moreli, owczej bryndzy (zimą).

Żeby ostatecznie przekonać się o tym, że właśnie sposób odżywiania jest sekretem długowieczności mieszkańców doliny, McCarrison po powrocie do Anglii przeprowadził serię doświadczeń na zwierzętach. Jednej grupie zwierząt podawano jedzenie typowe na stole przeciętnej londyńskiej rodziny (białe pieczywo, śledzie, cukier rafinowany, konserwowe i gotowane warzywa itd.). W rezultacie w tej grupie zaczęły się różne „ludzkie" choroby. Druga grupa zwierząt była odżywiana według „diety" z doliny Chunza. Podczas całego przebiegu doświadczenia zwierzęta z tej grupy pozostawały zdrowe.

Uważa się, że na długowieczność mają wpływ warunki klimatyczne. Interesujące jest, że ludzie mieszkający w takich samych warunkach klimatycznych, co mieszkańcy doliny Chunza, cierpią na różne schorzenia i długość ich życia jest dwa razy krótsza. A więc nasuwa się wniosek, że jeśli człowiek odżywia się nieprawidłowo, to od chorób nie uratuje go nawet górski klimat.

Mieszkańcy doliny Chunza, w odróżnieniu od sąsiednich narodowości, są bardzo podobni do Europejczyków. Według teorii historyków, założycielami pierwszych wspólnot rodowych Chunzy byli kupcy i wojownicy Aleksandra Macedońskiego, którzy tam się osiedlili w czasie wyprawy przez górskie doliny rzeki Ind. Tak więc i Europejczycy mogą żyć długo, jeśli tylko będą prawidłowo się odżywiać.

Nadszedł już czas rozstania się z Państwem, drodzy Czytelnicy. Teraz drogę do swojego zdrowia każdy powinien wybrać samodzielnie. Doskonale rozumiem, że zdobyć się na to nie jest wcale łatwo. **Przecież po to, by być zdrowym, trzeba zerwać ze złymi nawykami, które powstawały całymi latami, zmienić styl życia i sposób myślenia.** Jednak, jeśli czują Państwo, że Waszego zdrowia zaczęło „ubywać", nie należy tracić czasu, trzeba wziąć się za siebie, działać!

Im wcześniej zaczną sobie Państwo pomagać, tym szybciej odzyskają zdrowie. Najważniejsze – nie spieszyć się, **stopniowo** przyzwyczajać organizm do nowego trybu życia.

Niniejsza książka została pomyślana jako poradnik praktyczny, służący do uzdrowienia organizmu. Dlatego radzę jak najczęściej do niej zaglądać, a na pewno uzyskacie pomoc. Polecam również porównywanie zawartych w niej przepisów z wynikami własnych obserwacji.

Proszę gromadzić doświadczenia w zakresie uzdrawiania swojego organizmu i przekazywać je swoim dzieciom i wnukom, to jedyna droga, która doprowadzi nas wszystkich do zdrowia.

Pozostało jeszcze wiele pytań, na które oczekują Państwo odpowiedzi. Zawsze jestem gotów służyć Wam radą i pomocą, dlatego zapraszam do spotkań na stronach kolejnej książki.

ZDROWIE BEZ LEKÓW

PRZEPISY MEDYCYNY LUDOWEJ

I. CHOROBY WSKUTEK ZAZIĘBIENIA

ANGINA, GRYPA, KASZEL, KATAR, ZAPALENIE OSKRZELI

❑ **Przepis. Składniki:** konfitury z malin – 1 łyżka stołowa
miód – 1 łyżka stołowa
wódka lub koniak – 1 łyżka stołowa
cytryna – 0,5 cytryny

Wszystkie składniki włożyć do szklanki, wycisnąć do nich sok z 0,5 cytryny, uzupełnić wrzątkiem.

Stosowanie: małymi łyczkami pić przed snem.

❑ **Przepis:** sok z jednej cytryny zmieszać ze 100 g miodu.

Stosowanie: przyjmować po 1 łyżce stołowej 3 razy dziennie.

❑ **Przepis:** po 100 g kwiatu lipy i suchych malin sparzyć wrzątkiem w ilości 1 l, odstawić do zaparzenia, przecedzić.

Stosowanie: podgrzany płyn pić po 200 g przed snem przez 2-3 dni.

❑ **Przepis:** po ½ szklanki soku z rzodkiewki i chrzanu i tyle samo miodu, dobrze rozmieszać, zaparzać 3 - 4 godziny.

Stosowanie: przyjmować trzy razy dziennie w godzinę po posiłku, dorośli po 2 -3 łyżki stołowe, dzieci po 1 łyżeczce od herbaty.

❑ **Przepis. Składniki:** starta cebula – 50 g
ocet – 20 g
miód – 60 g

Startą cebulę zalać octem, odcisnąć przez gazę, do płynu dodać miód i dobrze rozmieszać.

Stosowanie: co pół godziny podawać choremu po 1 łyżeczce od herbaty.

☐ **Przepis:** zmieszać 30 g miodu i 70 g wody.

Stosowanie: gorącym płynem przeprowadzać inhalację.

☐ **Przepis:** 100 g startej cebuli posypać 100 g cukru kryształu, odstawić, by trochę postało.

Stosowanie: powstały sok pić po 2 łyżeczki od herbaty 3 razy dziennie.

☐ **Przepis:** czosnek utrzeć na tarce i zmieszać w proporcji 1:1 z miodem.

Stosowanie: przyjmować po 1 łyżce od herbaty 3 razy dziennie lub po łyżce stołowej przed snem, popijać ciepłą wodą.

☐ **Przepis** (przy leczeniu grypy): 1 łyżkę stołową ziół nagietka, rumianku, szałwii lub liści eukaliptusa zaparzyć 0,5 l wrzątku, parzyć przez 3 - 5 minut, przecedzić.

Stosowanie: pić po ½ szklanki 3 razy dziennie lub płukać gardło kilka razy dziennie. Zioła można brać oddzielnie lub korzystać z mieszanki ziołowej.

☐ **Przepis** (przy leczeniu chorób wskutek zaziębienia): ugotować ziemniaki w mundurkach, część wody odlać, ziemniaki gotować z koprem. Do gorących ziemniaków dodać 2 łyżki stołowe oleju roślinnego i ½ łyżeczki od herbaty sody oczyszczonej, dobrze podgrzać na ogniu.

Stosowanie: narzucić na głowę flanelowy koc (zrobić duży kaptur), nachylić się nad naczyniem z gorącymi ziemniakami i ustami wdychać gorącą parę (przeprowadzać inhalację). Leczenie można przeprowadzać kilka razy dziennie, aż do całkowitego wyzdrowienia. Podczas inhalacji chory silnie się poci, nie wolno wychodzić na dwór, nie schładzać organizmu.

☐ **Przepis** (przy leczeniu kaszlu):
Składniki: masło śmietankowe niesolone – 200 g
wieprzowe sadło z kiszek – 200 g

miód – 200 g
kakao w proszku – 200 g
świeże żółtka jajek – 15 szt.

Wszystko dobrze zamieszać, zagotować na małym ogniu, ostudzić.

Stosowanie: przyjmować po 1 łyżeczce od herbaty na ¼ szklanki gorącego mleka 3 razy dziennie. Pić bardzo małymi łyczkami. Poprawa następuje po 5-7 dniach.

❑ **Przepis** (przy leczeniu kaszlu): zmieszać 2 łyżki stołowe przegotowanego gorącego mleka z dwiema łyżkami koniaku.

Stosowanie: przyjmować na ½ godziny przed jedzeniem 3 razy dziennie. Po wypiciu mieszanki nie należy ochładzać organizmu i wychodzić na dwór. Przyjmować aż do całkowitego wyleczenia.

❑ **Przepis** (przy leczeniu rzadkiego kaszlu, silnego kaszlu, nocnego kaszlu): zagotować na wolnym ogniu w ciągu 10 min 1 cytrynę. Stanie się miękka i można z niej wycisnąć więcej soku. Przekroić cytrynę na połówki i wycisnąć sok do szklanki. Dodać 2 łyżki stołowe gliceryny, dokładnie rozmieszać i uzupełnić miodem aż do całkowitego wypełnienia szklanki.

Stosowanie: rzadki kaszel – przyjmować po 1 łyżeczce od herbaty na noc i jeszcze jedną nocą; kaszel silny – przyjmować po 1 łyżeczce od herbaty przed jedzeniem lub na noc po kolacji; nocny kaszel – przyjmować 1 łyżeczkę od herbaty na noc, jedną łyżeczkę nocą. W miarę zmniejszania się kaszlu ograniczać (redukować) przyjmowanie mieszanki.

❑ **Przepis** (przy leczeniu anginy, przeziębienia, kaszlu): do ½ szklanki mleka włożyć 4 - 5 fig, gotować przez 5-10 minut, ostudzić.

Stosowanie: przed snem wypić małymi łykami mleko i zjeść owoce figi. W razie konieczności powtarzać.

☐ **Przepis** (przy leczeniu anginy): zetrzeć na tarce szklankę czerwonego buraka, wlać stołową łyżkę octu, odstawić na kilka godzin, następnie odcisnąć sok do szklanego naczynia.

Stosowanie: sokiem buraka z octem płukać gardło i łykać po 1-2 łyżki stołowe.

☐ **Przepis** (przeziębienie, kaszel): do ½ szklanki miodu nalać 1/2 szklanki portweinu i dobrze wymieszać. Obrać i rozgnieść 10-15 g czosnku. Przygotować 10-20 ml nafty.

Stosowanie: przed snem dobrze rozetrzeć stopy rozgniecionym czosnkiem i założyć wełniane skarpety. Natrzeć klatkę piersiową naftą, założyć ciepłą bieliznę i wypić szklankę portweinu z miodem.

☐ **Przepis** (przy leczeniu kaszlu): w 1 butelce piwa rozpuścić łyżkę miodu, gotować 5 minut.

Stosowanie: podczas kaszlu pić ciepłe piwo z miodem po 1 - 2 szklanki.

☐ **Przepis** (przy leczeniu kaszlu): wymyć rzodkiewkę, wyciąć w niej zagłębienia (rzodkiewki powinno być nie mniej niż 1 - 3 łyżki stołowe), do zagłębień nasypać 1 łyżkę stołową cukru kryształu i odstawić na nie mniej niż 40 minut.

Stosowanie: pić sok z rzodkiewki po 1 łyżeczce od herbaty trzy razy dziennie.

☐ **Przepis** (przy leczeniu grypy, anginy): szybko zetrzeć na tarce cebulę, położyć ją na gazie higroskopijnej, owinąć w gaziki (zrobić tampony) i wsunąć do obu otworów nosowych, potrzymać 15 minut. Stosować rano, w południe i wieczorem.

☐ **Przepis** (przeziębienie)

Składniki: cebula – 50 g
ocet – 20 g
miód – 60 g

Cebulę zetrzeć na tarce, zalać octem, następnie położyć na gazę i wycisnąć. Do otrzymanego soku dodać miód i dobrze wymieszać.

Stosowanie: pić co 30 min po 1 łyżeczce soku.

☐ **Przepis** (przeziębienie):

Składniki: dżem malinowy – 1 łyżka stołowa
miód – 1 łyżka stołowa
wódka lub koniak – 1 łyżka stołowa
pół cytryny

Wszystkie składniki włożyć do szklanki (oprócz cytryny), dobrze to wszystko wymieszać i do tego wycisnąć sok z połowy cytryny. Dopełnić szklankę ciepłą, przegotowaną wodą.

Stosowanie: pić małymi łykami przed snem.

☐ **Przepis** (kaszel w podeszłym wieku):

Składniki: masło – 200 g
smalec – 200 g
miód – 200 g
kakao (proszek) – 200 g
świeże żółtka – 15 szt.

Wszystkie składniki włożyć do garnuszka i dobrze wymieszać.

Gotować na małym ogniu 5 minut, tak aby powstała jednolita masa, następnie ostudzić.

Stosowanie: 1 łyżeczka na ¼ szklanki gorącego mleka, 3 razy dziennie po jedzeniu. Pić maleńkimi łykami. Poprawa następuje w ciągu 5 lub 7 dni.

☐ **Przepis** (angina): do garnka wlać 150 g mleka, włożyć 4-5 fig suszonych i gotować przez 5 - 7 minut.

Stosowanie: przed snem wypić małymi łykami mleko, a figi zjeść. Powtarzać kilka razy.

☐ **Przepis** (angina): zetrzeć na tarce czerwonego buraka, żeby otrzymać 1 szklankę, dodać 1 łyżkę stołową octu. Gotowe do spożycia po 3 godz. Sok wycisnąć przez gazę.

Stosowanie: pić sok po 1 -2 stołowe łyżki 5 razy dziennie, a także płukać sokiem gardło.

☐ **Przepis** (grypa): 100 g cebuli zetrzeć na tarce, dodać 100 g cukru. Gotowe do spożycia po 2 godzinach.

Stosowanie: pić sok po 2 łyżeczki 3 razy dziennie.

W profilaktyce grypy wśród ludowych środków główne miejsce zajmują cebula i czosnek. Trzeba je jeść lub przynajmniej żuć, nie połykając, po 2 - 3 minuty kilka razy dziennie.

Podczas epidemii grypy w celach profilaktycznych można stosować nalewkę czosnkową:

☐ **Przepis:** drobno posiekać 2-3 ząbki czosnku, zalać 30-50 ml wrzątku, odczekać 1 - 2 godziny i przecedzić. Wkraplać do nosa po 2- 3 krople do każdego otworu nosowego 1-2 razy dziennie (nalewkę należy przygotować na 2 dni).

Żeby nie zarazić domowników, zaleca się powiesić na szyi woreczek z gazy z drobno posiekanym czosnkiem. Żeby nie zachorowały małe dzieci, należy przywiązać taki woreczek z czosnkiem do łóżeczka lub postawić obok spodeczek z posiekanym czosnkiem.

W celach profilaktycznych rano można pożuć liść eukaliptusa i przy kontakcie z chorym na grypę część liścia trzymać w ustach (między policzkiem, a dziąsłem). Wieczorem należy płukać gardło świeżym sokiem z surowego buraka, dodając na 1 szklankę soku 1 łyżeczkę od herbaty 3% roztworu octu stołowego.

Jeśli się Państwu nie udało uniknąć infekcji i już zachorowaliście, proszę skorzystać z następujących porad:

- najczęściej jak można pijcie gorącą herbatę z cytryną lub malinowymi konfiturami, a także ciepłe mleko z miodem (1 łyżka stołowa na 1 szklankę);
- przemywajcie co godzinę jamę nosową i gardłową nalewką cebuli z miodem (1:1); roztwór należy wciągnąć nosem, a wydalać ustami;
- wdychajcie opary esencji rumiankowej (z rumianku aptecznego);
- wkładajcie do nosa tampony z waty, zmoczone świeżym sokiem z cebuli, na 10 - 15 minut 3-4 razy dziennie;
- wyciśnijcie sok z cebuli, nalejcie go na spodek i wdychajcie nosem po 2 - 3 minuty 3 razy dziennie;
- zetrzyjcie na drobnej tarce czosnek, rozmieszajcie go z taką samą ilością miodu (najlepiej lipowego) i zażywajcie przed snem po 1 łyżce stołowej, popijając ciepłą wodą;
- zetrzyjcie na tarce cebulę, zalejcie 0,5 1 doprowadzonym do wrzenia mlekiem, odstawcie w ciepłe miejsce; połowę nalewki wypijcie na noc, a połowę rano, też w postaci gorącej;
- 2 łyżki stołowe wysuszonych (lub 100 g świeżych) malin zalać szklanką wrzątku. Odstawić na 10 - 15 minut, dodać 1 łyżkę stołową miodu, rozmieszać. Należy stosować ciepłe jako środek napotny przed snem.
- równą ilość kwiatów lipy i owoców malin zalać wrzątkiem, kierując się zasadą, że 1 łyżka stołowa mieszanki przypada na 1 szklankę wody, zawinąć, by nie traciła nalewka ciepła, odstawić na 1 godzinę, przecedzić. Należy pić po ½ szklanki 3 - 4 razy dziennie;
- szczyptę mieszanki, składającej się z równych ilości liści czarnej porzeczki i kwiatów lipy, zalać 0,5 1 wrzątku i niech się tak gotuje przez 5 minut, zdjąć z ognia, otulić, by nalewka nie traciła ciepła na 30 minut. Przecedzić. Pić po 1 szklance w stanie ciepłym jak herbatę 3- 4 razy dziennie.

CHRYPKA

Przepisy terapii dietowej są zalecane w przypadkach pojawienia się chrypki po przeziębieniu, a w mniejszym stopniu spowodowanej ostrym zapaleniem krtani.

- ☐ wymyć i obrać ze skórki gruszkę. Wycisnąć sok. Od czasu do czasu pijcie sok z gruszki, uprzednio przez jakiś czas trzymajcie sok w ustach. Połykajcie sok maleńkimi porcjami.
- ☐ zamoczcie na noc 50 g orzechów ziemnych w zimnej wodzie. Zdejmijcie skórkę i gotujcie na małym ogniu do dopóki nie staną się miękkie. Stosować 1 raz dziennie.
- ☐ oliwki. Przemyjcie trochę oliwek i weźcie jedną do ust. Trzymajcie w ustach jakiś czas, łykając ślinę. Powtórzcie to samo z innymi oliwkami.
- ☐ jedzcie kawałki świeżej białej rzepy. Porcja: 5 - 10 kawałków trzy razy dziennie.

II. CHOROBY UKŁADU POKARMOWEGO

- ☐ **Przepis** (przy leczeniu wrzodów żołądka): obrane ziemniaki ugotować bez soli.

  Stosowanie: wywar pić po 0,5 l trzy razy dziennie. Za każdym razem przygotowywać świeży wywar.

- ☐ **Przepis** (przy leczeniu wrzodów żołądka): całą porcję pełnego siemienia lnianego zalać gorącą przegotowaną wodą w proporcji 1:30, przez 15 minut potrząsać (mieszać), odcisnąć i przecedzić.

  Stosowanie: pić po ¼ szklanki 3 razy dziennie na 30 minut przed jedzeniem. Żeby poprawić smak, można dodać łyżkę soku owocowego. Leczenie trwa 2 - 3 tygodnie. Pić tylko świeżo przygotowane siemię lniane.

- ❑ **Przepis** (wrzód żołądka): zaparzyć suszone kwiaty białego bzu i pić jak herbatę.

- ❑ **Przepis** (wrzody żołądka, krwotoki żołądkowe): 20 g (4 łyżki stołowe) suchej, rozdrobnionej kory dębowej wsypać do naczynia emaliowanego, zalać szklanką wrzątku, przykryć pokrywką, gotować przez 20 minut, od czasu do czasu mieszając. Ostudzić, odcisnąć, przecedzić. Przelać do naczynia szklanego z korkiem. Przechowywać w ciemnym miejscu.

  Stosowanie: przyjmować po 1 łyżce stołowej 2-3 razy dziennie.

- ❑ **Przepis** (wrzód żołądka): poszatkować białą kapustę, lekko posolić, wycisnąć sok.

  Stosowanie: 2-3 razy dziennie pić przed jedzeniem sok z kapusty (świeży) po ½ szklanki.

CHOROBY WĄTROBY

- ❑ **Przepis** (przy chorobach wątroby jako środek pobudzający wydzielanie żółci): 100 g owoców dzikiej róży wsypać do termosu o pojemności 1 litra, zalać wrzątkiem, zakryć korkiem i odstawić na noc.

  Stosowanie: wypić w ciągu dnia cały napar, cukier dodawać do smaku.

- ❑ **Przepis** (choroby wątroby): zetrzeć korzeń chrzanu na tarce z małymi otworami, wycisnąć sok. Taką samą ilość soku z chrzanem i miodu (jeśli nie ma miodu, można użyć cukru) zamieszać i zamknąć w szklanym naczyniu.

  Stosowanie: przyjmować po 1 łyżce stołowej 3 razy dziennie na 20 minut przed jedzeniem.

- ❑ **Przepis** (choroby wątroby): zaparzyć 1 łyżkę stołową nasion kopru ogrodowego szklanką wrzątku, odstawić, ochłodzić, przecedzić.

Stosowanie: przyjmować po ½ szklanki 2 razy dziennie.

- ☐ **Przepis** (chroniczna choroba wątroby):

Składniki:

sok z korzeni świeżego mlecza (dmuchawca) – 100 g
spirytus 96% – 15 g
gliceryna – 15 g
przegotowana woda – 17 g

Wszystkie składniki dobrze przemieszać i przecedzić.

Stosowanie: przyjmować po 1-2 łyżki stołowe dziennie na 15 minut przed jedzeniem.

- ☐ **Przepis** (choroby wątroby, regeneracja po chorobie): wątrobę rogacizny drobno pokroić, obsmażyć, ale niecałkowicie (musi być z krwią), następnie skręcić przez maszynkę do mielenia mięsa. Na 200 g wątroby dodać 100 g masła śmietankowego, dobrze przemieszać do konsystencji pasztetu wątrobianego.

Stosowanie: przyjmować po 100 g pasztetu codziennie.

- ☐ **Przepis** (przy leczeniu kamieni żółciowych): garść suszonych liści brzozowych rozdrobnić, zalać szklanką wrzątku, odstawić na 20 minut, odcisnąć, przecedzić.

Stosowanie: przyjmować po szklance naparu rano i wieczorem przed jedzeniem.

- ☐ **Przepis** (choroba wątroby): drobno pokroić białą kapustę, wycisnąć sok.

Stosowanie: pić po ½ szklanki świeżego soku z białej kapusty. Do soku można dodawać wodę po kapuście.

- ☐ **Przepis** (kamienie na wątrobie): 60 g suszonych fig drobno pokroić, włożyć do emaliowanego naczynia, zalać szklanką wrzątku, doprowadzić do wrzenia, dodać 1/2 szklanki gorącego mleka i 1-5 g cukru, przestudzić.

Stosowanie: ciepły płyn pić drobnymi (małymi) łykami, owoce figi zjeść. Dobrze jest też jeść świeże poziomki, pić świeży sok z marchwi.

- ☐ **Przepis** (hemoroidy, choroby wątroby, zaparcia): przyjmować od ½ do 2 szklanek płynu po kapuście codziennie.

- ☐ **Przepis** (kamienie w pęcherzyku żółciowym): utrzeć na tarce i wycisnąć sok z czarnej rzepy.

  Stosowanie: świeży sok pić po 2-3 łyżki stołowe dziennie.

CHOROBY NEREK I PĘCHERZA MOCZOWEGO

- ☐ **Przepis** (przy kamieniach w nerkach, pęcherzu moczowym): 1 -1,5 łyżki stołowej ziela pietruszki ogrodowej włożyć do szklanki wody, sparzyć wrzątkiem, zakryć, odstawić na 30 minut pod przykryciem, odcedzić, przelać do szklanego naczynia z korkiem.

  Stosowanie: pić szklankę nalewki w ciągu dnia trzykrotnie. Pić do całkowitego wyzdrowienia.

- ☐ **Przepis** (przy leczeniu pęcherza moczowego): do porcelanowego czajnika o pojemności 1 l wsypać 1 łyżeczkę od herbaty cukru kryształu, esencję herbacianą i 50 g szałwii. Zalać wrzątkiem, przykryć i odstawić na 30 minut.

  Stosowanie: pić herbatę z dodatkiem szałwii.

- ☐ **Przepis** (przy schorzeniach nerek): zmieszać 1 szklankę majowego miodu i 1 szklankę soku z kapusty, zlać do butelki szklanej, szczelnie zakorkować. Przechowywać w ciemnym i chłodnym miejscu.

  Stosowanie: przyjmować po 1 łyżce stołowej 3 razy dziennie na godzinę przed jedzeniem.

- ☐ **Przepis** (przy leczeniu kamieni i piasku w pęcherzu moczowym, kamieni w nerkach): podsuszyć i zmielić nasiona marchwi na proszek (na przykład w młynku do kawy).

Stosowanie: przyjmować po 1 łyżeczce od herbaty 3 razy dziennie, popijać ciepłą wodą.

☐ **Przepis** (jako środek moczopędny przy problemach z oddawaniem moczu, przy leczeniu kamieni w nerkach i pęcherzu moczowym): wycisnąć sok z korzeni i liści chrzanu.

Stosowanie: rano i wieczorem przyjmować świeży sok z chrzanu po 1 łyżeczce od herbaty.

☐ **Przepis** (profilaktyczne stosowanie chroniące przed powstawaniem kamieni w pęcherzu moczowym i pęcherzyku żółciowym (jeśli jest takie zagrożenie): czarną rzepę zetrzeć na tarce o małych otworach i wycisnąć sok. Zmieszać sok rzepy z miodem w proporcji 1:1.

Stosowanie: rozpoczynając od ½ szklanki dziennie, stopniowo zwiększać dawkę soku z rzepy z miodem do 2 szklanek dziennie.

☐ **Przepis** (przy leczeniu chorób nerek): 100 g zielonych orzechów włoskich, zebranych przed 7 lipca, zemleć w maszynce do mięsa, włożyć do słoika, wsypać 100 g cukru kryształu lub miodu, szczelnie przykryć i odstawić na 1 miesiąc w ciemne miejsce.

Stosowanie: przyjmować po 1 łyżeczce od herbaty 3 razy dziennie przed jedzeniem.

Kamienie w nerkach, wątrobie i woreczku żółciowym

☐ **Przepis:** wieczorem 2 stołowe łyżki ryżu zalać 0,5 l wrzątku. Rano wodę zlać i ryż ugotować.

Stosowanie: Jeść bez soli na czczo 1-2 godziny przed posiłkiem.

Kuracja trwa 40 dni. Po kilku miesiącach kurację powtórzyć.

☐ **Przepis:** wziąć 3 cytryny ze skórką, 150 g oczyszczonego czosnku, zemleć w maszynce do mielenia. Wszystko włożyć do 1 l słoika, dodać 0,5 l chłodnej przegotowanej wody.

Odstawić na 24 godziny, przecedzić i wycisnąć. Dobrze zamknąć słoik, przechowywać w ciemnym miejscu.

Stosowanie: pić codziennie rano 50 ml.

- **Przepis:** do naczynia wlać 3 szklanki wody, dodać 4 cytryny drobno pokrojone. Gotować tak długo, aby została jedna szklanka płynu. Ostudzić i odcedzić, wlać do szklanego naczynia, dodać 1 szklankę miodu, sok z 1 cytryny. Wszystko dobrze wymieszać i przykryć pokrywką.

  Stosować po 1 łyżce stołowej przed snem.

- **Przepis** (piasek w nerkach): jedną cytrynę sparzyć wrzątkiem, dobrze wytrzeć szmatką. Następnie zetrzeć na tarce ze skórką. Włożyć do szklanego naczynia, dodać 50 g miodu, 50 g oleju roślinnego. Wszystko dobrze wymieszać, przykryć pokrywką. Używać po 1 łyżce stołowej 4 - 5 razy dziennie.

III. CHOROBY SERCOWO-NACZYNIOWE

- **Przepis** (przy schorzeniach sercowo-naczyniowych):

  a) codziennie spożywać 2 - 3 razy dziennie po 1 łyżeczce od herbaty miodu z mlekiem, twarogiem i innymi produktami mlecznymi;
  b) codziennie pić na noc szklankę ciepłej herbaty z rozpuszczoną w niej łyżką stołową miodu.

- **Przepis** (jako środek uśmierzający przy schorzeniach serca) – gryźć pestki dyni w razie konieczności.

- **Przepis** (przy osłabieniu czynności serca, w celu obniżenia ciśnienia tętniczego krwi): 4 g (1 łyżka stołowa) liści melisy sparzyć szklanką wrzątku, odstawić na 1 godzinę, przecedzić.

Stosowanie: pić po 1 łyżce stołowej 3 razy dziennie.

- ☐ **Przepis** (w celu wzmocnienia słabego serca) – często należy żuć skórkę cytryny, która jest bogata w olejki eteryczne.

- ☐ **Przepis** (przy nadciśnieniu): do ciemnej butelki o pojemności 0,75 l wlać 0,5 l wódki i włożyć 200 g rozdrobnionego czosnku. Szczelnie zakryć korkiem, odstawić w ciemne miejsce na 6-8 dni. Nalewkę czasem wstrząsać. Następnie przecedzić i przechowywać w zamkniętym naczyniu w ciemnym, chłodnym miejscu.

  Stosowanie: pić po 1 łyżce stołowej przed jedzeniem 3 razy dziennie.

- ☐ **Przepis** (na obniżenie wysokiego ciśnienia tętniczego krwi):

  a) 20 g czosnku sparzyć szklanką wrzątku, w zamkniętym szklanym naczyniu trzymać 6-8 godzin. Odcisnąć, osad przefiltrować, zamknąć w naczyniu szklanym;
  b) do szklanki włożyć 20 g rozdrobnionego czosnku, zmieszać go ze 100 g cukru kryształu, uzupełnić do pełnej szklanki wrzątkiem i dobrze rozmieszać, aż do rozpuszczenia cukru, odstawić na 4-6 godzin w ciemne, ciepłe miejsce. Przechowywać w ciemnym miejscu w zamkniętym naczyniu.

  Stosowanie: pić przed jedzeniem po 1 łyżce stołowej 3 razy dziennie.

- ☐ **Przepis** (przy chorobach sercowo-naczyniowych): przemyć rodzynki, rozgnieść i 200 g rodzynek zalać litrem wrzątku, gotować na słabym ogniu 5 minut, następnie ostudzić, przecedzić i dodać 10 ml świeżego soku z cytryny, dobrze zamknąć w szklanym naczyniu.

  Stosowanie: przyjmować po ½ szklanki 3 razy dziennie. Powtarzać aż do całkowitego wyleczenia.

- ☐ **Przepis** (choroby sercowo-naczyniowe).
  Składniki: sok z marchwi – 1 łyżka stołowa

tarty chrzan – 1 łyżka stołowa
miód – 1 szklanka
sok z cytryny – 1 szt.

Składniki dobrze rozmieszać drewnianą łyżką w naczyniu emaliowanym, przełożyć do naczynia szklanego, szczelnie zamknąć, przechowywać w chłodnym miejscu.

Stosowanie: przyjmować po 1 łyżce od herbaty na godzinę przed jedzeniem 3 razy dziennie przez dwa miesiące.

☐ **Przepis** (nadciśnienie tętnicze, choroby serca, stwardnienie rozsiane mózgu).

Składniki: cytryna – 1 szt.
żurawina – 200 g
dzika róża – 200 g
miód – 200 g

Cytrynę sparzyć wrzątkiem, dobrze wytrzeć suchą ściereczką, zetrzeć razem ze skórką na tarce o małych otworach. Żurawinę i dziką różę dobrze rozgnieść. Wszystko włożyć do szklanego naczynia, dodać miód, dobrze rozmieszać, przykryć i odstawić na całą dobę.

Stosowanie: przyjmować po 1 łyżce stołowej 3 razy dziennie na 15 minut przed jedzeniem. W razie potrzeby powtarzać aż do całkowitego wyleczenia.

☐ **Przepis** (przy rozszerzeniu żył): 5 g gałki muszkatołowej zemleć w młynku do kawy lub rozdrobnić w moździerzu, wsypać do szklanki z gorącą przegotowaną wodą, dodać 1 łyżkę stołową miodu i dobrze rozmieszać.

Stosowanie: przyjmować rano na godzinę przed jedzeniem,

wieczorem dwie godziny po jedzeniu. Leczenie kontynuować aż do całkowitego wyleczenia. Dobrze jest codziennie rano i wieczorem poleżeć na plecach 15 minut, nogi należy trzymać uniesione ku górze, pionowo.

NADCIŚNIENIE TĘTNICZE

Przepisy są skuteczne, gdy mamy do czynienia z początkami nadciśnienia lub samorodnego podwyższonego ciśnienia, mniej natomiast skuteczne przy wtórnym nadciśnieniu.

- ☐ Seler. Seler posiada właściwości obniżające ciśnienie krwi i może być stosowany pod wieloma postaciami. Proszę pokroić seler na małe kawałki i wycisnąć sok. Następnie dodać cukru i pić sok, tak jak piją Państwo herbatę. Seler można również przygotowywać jako napar lub gotować razem z aromatyczną gruszką i spożywać jako dodatek do potraw.

- ☐ Miód. On także posiada wspaniałe właściwości obniżające ciśnienie krwi. Miód jest szczególnie skuteczny w początkowym stadium zachorowania. Najlepiej rozcieńczać miód wodą i pić jak herbatę.

- ☐ Zupa z czosnku i fasoli. Weźcie 100 g fasoli i czosnek. Czosnku należy wziąć tyle, by jeden ząbek odpowiadał jednemu rokowi Państwa wieku. Dla osób powyżej 50. roku życia stała dawka — 50 ząbków czosnku. Należy oczyścić ząbki czosnku i wrzucić je razem z fasolą do garnka. Dodać 500 ml przegotowanej wody, przykryć garnek pokrywką i pozostawić na 10 minut. Cukier można dodawać do smaku. Lekarstwo należy pić jak herbatę lub inny napój.

IV. BÓLE W STAWACH, KOŚCIACH, MIĘŚNIACH

- ☐ **Przepis** (przy leczeniu ciężkich bólów, zapaleniu korzonków): do chorych miejsc przyczepić liście chrzanu na kilka dni (aż do całkowitego wyleczenia); liście można codziennie zmieniać.

- ☐ **Przepis** (przy leczeniu zapalenia korzonków): zaparzać gałązki świerku (tzw. „łapki”) w słonej wodzie, robić gorące kąpiele.

☐ **Przepis** (służy usunięciu bólów przy odkładaniu się soli): żytnią mąkę sparzyć wrzątkiem i zmieszać z gotowanymi ziemniakami w proporcji 1:1 (zrobić jednolitą masę).

Stosowanie: chore miejsca smarować olejem roślinnym i dobrze masować. Z przygotowanej masy zrobić cienki placek wielkości chorego miejsca, by całkowicie je zakryć. Skórę posmarować terpentyną , a placek położyć na chore miejsce. Należy ciepło się przykryć i trzymać placek najdłużej jak tylko można. Kurację najlepiej robić na noc.

☐ **Przepis** (w przypadku odkładania się soli): 3 cytryny ze skórką i 150 g obranego czosnku przekręcić przez maszynkę do mielenia mięsa, zalać na dobę 0,5 l zimnej przegotowanej wody, przecedzić, odcisnąć masę, przelać do naczynia szklanego ze szczelnym zamknięciem.

Stosowanie: pić codziennie rano przed śniadaniem po 50 g.

☐ **Przepis** (przy leczeniu stawów)

Składniki:

sok rzodkwi	–	2 szklanki
miód	–	1 szklanka
wódka 40%	–	1/2 szklanki
sól kuchenna	–	1 łyżeczka od herbaty

Wszystko dobrze rozmieszać, aż do uzyskania jednolitej masy.

Stosowanie: otrzymaną masę wcierać w chore miejsca.

☐ **Przepis** (przy leczeniu zapalenia korzonków): suszone owoce kasztanowca zetrzeć na proszek (zemleć w młynku do kawy lub ugnieść w moździerzu).

Stosowanie: na cienką kromkę ciemnego (razowego) chleba nasypać warstwę proszku i przykładać na chore miejsce.

☐ **Przepis** (przy leczeniu ostróg): kurze jajo, 25 g esencji octowej i 25 g terpentyny dobrze zmieszać i odstawić na 10 dni w zamkniętym szklanym naczyniu do odstania, od czasu do czasu zamieszać.

Stosowanie: chore miejsce smarować mieszanką kilka razy dziennie.

- ☐ **Przepis** (przy leczeniu reumatyzmu): do litrowego słoika wsypać drobno pokrojone kawałki koszyczka słonecznika, tam też wsypać 50 g wiórków mydła toaletowego, wlać 500 ml wódki 40%, dobrze rozmieszać, szczelnie zamknąć i odstawić na 8 - 9 dni na światło słoneczne do odstania. Następnie otworzyć, dobrze rozmieszać, przecedzić, odcisnąć masę, przelać do szklanego naczynia ze szczelną przykrywką.

  Stosowanie: nacierać chore miejsca.

- ☐ **Przepis** (przy leczeniu obrzęków stawów kolanowych, stłuczeń, wrzodów, świerzbu, egzemy): ocet rozcieńczyć gotowaną wodą w proporcji 1:1.

  Stosowanie: robić kompresy i okłady na chore miejsca.

- ☐ **Przepis** (przy leczeniu reumatyzmu, podagry, bólów w stawach, chorób wskutek przeziębienia): przygotować 50 g soku wyciśniętego z rzodkwi.

  Stosowanie: wcierać sok z rzodkwi w chore miejsca.

- ☐ **Przepis** (przy leczeniu podagry, ostróg na nogach, halluksów): zebrać świeże poziomki, wycisnąć z nich sok i tym sokiem nacierać chore miejsca.

- ☐ **Przepis** (przy leczeniu halluksów): zmieszać jodynę z amoniakiem w proporcji 1:1.

  Stosowanie: mieszankę nanosić na halluksy cienką warstwą wieczorem przez dwa tygodnie, następnie należy zrobić dwutygodniową przerwę i znów ponowić kurację, smarować aż do całkowitego zniknięcia.

DOMOWE NALEWKI PRZY BÓLACH MIĘŚNI I STAWÓW

❑ **Przepis:** 1,5 szklanki soku z rzepy, 1 szkl. miodu, 150 ml wódki, 1 stołowa łyżka soli. Wszystko razem dobrze wymieszać.

Stosowanie: używać po 1 łyżce stołowej przed snem (przechowywać w lodówce).

❑ **Przepis:** wieczorem korzeń i natkę pietruszki zemleć w maszynce do mielenia, żeby otrzymać 1 szklankę masy. Następnie włożyć do garnka i zalać 2 szkl. wrzątku, nakryć ręcznikiem. Rano wywar przecedzić i do tego wcisnąć sok z jednej, średniej cytryny.

Stosowanie: pić po 1/3 szkl. dwa razy w dzień, po jedzeniu. Pić przez 2 dni, 3 dni przerwy, do momentu zniknięcia bólu.

❑ **Przepis:** 0,5 l spirytusu, 5 strączków papryki (dł. 6 - 8 cm). Strączki papryki zmielić w maszynce do mielenia kawy. Wsypać do słoiczka, zalać spirytusem, przykryć pokrywką i postawić w ciemnym miejscu na tydzień.

Stosowanie: nasączyć gazę nalewką i położyć na bolące miejsca na 3- 4 godz. (robić kompresy). Po 7 -10 kuracjach znikają wszystkie, nawet zastarzałe bóle.

❑ **Przepis:** wziąć 50 g kamfory, 50 g proszku gorczycy, 10 g spirytusu, 100 g surowego białka z jajka. Nalać spirytus do słoiczka, wsypać kamforę i rozpuścić. Następnie wsypać gorczycę i rozpuścić, dodać białko, wszystko dobrze wymieszać, tak aby powstała maść. Maść należy trzymać w lodówce, przed zastosowaniem lekko podgrzewać.

Stosowanie: smarować bolące stawy i mięśnie wieczorem, przed snem. Maści nie należy wcierać do całkowitego wchłonięcia, ale tak, aby pozostał ochronny filtr. Po 20 min smarowane miejsca należy wytrzeć gazą zmoczoną w ciepłej wodzie.

☐ **Przepis:** wziąć 3 cytryny ze skórką, 150 g obranego czosnku. Wszystko zemleć w maszynce do mielenia. Następnie zmieloną mieszankę włożyć do słoika (0,75 l) zimnej, przegotowanej wody, nakryć pokrywką i postawić na 24 godz. Przecedzić, wlać do słoika i nakryć pokrywką.

Stosowanie: pić codziennie rano przed jedzeniem.

V. CUKRZYCA

☐ **Przepis** (przy leczeniu cukrzycy): obrać cebulę z twardej łuski, zetrzeć na gęstej tarce, odcisnąć sok, przelać go do słoika. Na 100 g soku z cebuli włożyć 100 g miodu, dobrze rozmieszać, szczelnie przykryć wieczkiem. Przechowywać w ciemnym, chłodnym miejscu.

Stosowanie: przyjmować po 2 łyżeczki od herbaty 3 razy dziennie przed jedzeniem, przez 1 miesiąc.

☐ **Przepis** (przy leczeniu cukrzycy): niedojrzałe orzechy włoskie (zerwane przed 7 czerwca) rozdrobnić i zalać wrzątkiem w proporcji 10 g orzechów na szklankę wrzątku, wlać do emaliowanego garnka, zakryć pokrywką, zaparzać 15 minut.

Stosowanie: pić ciepłe jak herbatę.

☐ **Przepis** (przy leczeniu cukrzycy): 100 g ziaren dojrzałego owsa umieścić w naczyniu emaliowanym, zalać 600 ml (3 szklankami) wrzątku, przykryć pokrywką i podgrzewać, mieszając, 15 minut. Następnie ochładzać przez 45 minut w temperaturze pokojowej. Chłodny napar przelać do szklanego naczynia, przecedzić, odcisnąć ziarna, dolać wody przegotowanej do 600 ml, zakorkować. Przechowywać w chłodnym miejscu nie dłużej niż 2 doby.

Stosowanie: przyjmować ciepłe po ½ szklanki 3-4 razy dziennie przed jedzeniem. Kuracja trwa 3 miesiące.

- **Przepis** (przy leczeniu cukrzycy): 10 sztuk średniej wielkości liści laurowych włożyć do naczynia szklanego lub emaliowanego, zalać 600 ml (3 szklankami) wrzątku, przykryć pokrywką i odstawić do naciągnięcia na 2-3 godziny.

  Stosowanie: przyjmować po ½ szklanki 3 razy dziennie. Kuracja trwa 2 tygodnie, następnie trzeba zrobić miesięczną przerwę. Potem kurację powtórzyć.

  Metody leczenia za pomocą odpowiedniej diety są szczególnie skuteczne w leczeniu cukrzycy, którą można bardzo efektywnie kontrolować w warunkach terapii dietowej.

- Liście batatu, które czasem są nazywane liśćmi białego lub czerwonego ziemniaka. Proszę wziąć 60 g świeżych liści (30 g wysuszonych liści) i 100 g skórki świeżej białej dyni (lub 12 g suchej skórki). Należy oba te składniki drobno pokroić i ugotować. Pić otrzymany płyn jak herbatę o każdej porze dnia.

- Napój z suszonych śliwek. Włożyć 15 g suszonych śliwek do wrzącej wody. Po przygotowaniu należy pić napój jak herbatę.

- Zupa z grochu. Proszę gotować 50 g strączków grochu przez 20 minut. Pić zupę i jeść groszki. Lekarstwo stosować 1 raz dziennie.

- Kasza z żołądka prosięcia. Gotować 500 g żołądka prosięcia do półmiękkości. Pokroić go na małe kawałki. Wziąć ryż i pokrojony na kawałki żołądek prosięcia, po 100 g każdego z produktów, ugotować zupę. Do zupy dodać cebulę, imbir i czosnek.

VI. IMPOTENCJA

- Smażona cebula i orzechy włoskie. Należy dobrze przesmażyć 50 g orzechów włoskich na oleju roślinnym. Następnie przesmażyć trochę cebuli do momentu, aż w 80% będzie gotowa. Potem należy zmieszać te dwa produkty, dodać trochę soli. Stosować według potrzeby.

VII. ZATRZYMANIE LAKTACJI (wydzielania mleka)

Kobiety, cierpiące na nadmierne wydzielanie mleka w okresie karmienia niemowlęcia piersią, powinny stosować następujące metody terapii dietowej:

- ☐ **Przepis:** dokładnie przepłukać 200 g jęczmienia, zawinąć go w gazę i umieścić w ciepłym miejscu. Gdy jęczmień wypuści kiełki, wziąć 50 g tych kiełków i ugotować je. Kiełki powinny być długości 1-2 cm.

  Stosowanie: pić wywar 1 - 2 razy dziennie przez 1 tydzień.

- ☐ **Przepis:** przygotować kiełki pszenicy z 200 g nasion pszenicy w sposób opisany wyżej. Przesmażyć kiełki pszenicy prawie do ich spalenia. Następnie ugotować je w wodzie.

  Stosowanie: pić wywar trzy razy dziennie przez kilka dni.

- ☐ **Przepis:** przygotować wywar z 60 g jęczmienia i 60 g kiełków pszenicy.

  Stosowanie: przyjmować dwa razy dziennie przez trzy dni. Codziennie należy przygotowywać świeżą porcję.

VIII. WYCIEŃCZENIE ORGANIZMU PO PRZEBYCIU CIĘŻKIEJ CHOROBY

- ☐ **Przepis. Składniki:**

  miód – 100 g
  masło – 100 g
  smalec – 100 g
  sok z aloesu – 15 g
  kakao (proszek) – 100 g

Wszystko włożyć do szklanego naczynia. Następnie wstawić do garnka z gorącą wodą na 20 minut. Dobrze wymieszać, przykryć pokrywką. Przechowywać w ciemnym miejscu.

Stosowanie: używać codziennie po 1 łyżce stołowej, popijając szklanką gorącego mleka, 3 razy dziennie na 30 minut przed jedzeniem.

MIESZANKA WZMACNIAJĄCA ORGANIZM

❑ **Przepis. Składniki:**

orzechy – 100 g
morele – 100 g
rodzynki – 100 g
śliwki suszone – 100 g
słonecznik – 100 g
miód – 100 g
cytryna ze skórką – 2 szt.

Wszystkie produkty zemleć w maszynce do mielenia, dodać 100 g miodu. Wszystko dobrze wymieszać. Włożyć do szklanego naczynia, przykryć pokrywką. Przechowywać w chłodnym miejscu.

Stosowanie: dzieci – 1 łyżeczka od herbaty 1 raz dziennie, dorośli – 2-4 łyżeczki od herbaty w ciągu dnia.

IX. TYBETAŃSKIE RECEPTY ODMŁADZAJĄCE

❑ Żeby nasza twarz zawsze wyglądała świeżo, pod oczami nie było zmarszczek, należy pić jedną szklankę kefiru lub zsiadłego mleka na czczo.

☐ Białka oczu, żeby były białe i czyste, a oczy miały aksamitny blask, należy codziennie pić 50 g soku z korzenia pietruszki.

Żeby z wiekiem nie zmniejszały się nasze oczy, należy masować przed snem małe palce obu naszych rąk.

Oczy starzeją się razem z człowiekiem i pojawia się starcza dalekowzroczność. Nie każdy chciałby używać okularów i dlatego trzeba masować po 3 minuty codziennie wskazujące palce u obu rąk.

Na Wschodzie są dobre zwyczaje i tradycje, nazywane szczęściem nóg, kiedy małżonkowie robią sobie nawzajem masaż stóp. Na stopach znajduje się ponad 70 tys. końcówek nerwowych. Taki masaż likwiduje zmęczenie, poprawia sen i przedłuża życie.

ZAPOBIEGANIE ZMARSZCZKOM NA TWARZY

☐ **Przepis:** 1 żółtko, 1 stołowa łyżka gliceryny, 1 stołowa łyżka miodu. Wszystko razem wymieszać.

Stosowanie: nakładać maseczkę na twarz rano i wieczorem na 10-15 minut.

☐ **Przepis:** do szklanego naczynia włożyć 100 g miodu, dodać startą na tarce cytrynę ze skórką. Wszystko dobrze wymieszać.

Stosowanie: codziennie nakładać maseczkę na twarz na 10-15 minut.

☐ **Przepis:** do szklanego naczynia włożyć 100 g miodu, dodać 100 g podgrzanej wódki. Wszystko dobrze wymieszać.

Stosowanie: codziennie nakładać lekko podgrzaną maseczkę na twarz na 15 minut.

☐ **Przepis:** pęczek natki pietruszki gotować w 0,51 wody przez 30 minut. Ostudzić w pokojowej temperaturze przez 30 minut. Odcedzić, wlać do słoika, zamknąć pokrywką. Odstawić w ciemne miejsce na 2 dni.

Stosowanie: nacierać twarz płynem rano i wieczorem, nie zmywać.

LIKWIDACJA ZMARSZCZEK I PLAM NA TWARZY

- **Przepis:** 100 g korzenia pietruszki drobno posiekać, włożyć do garnka, zalać wrzątkiem, przykryć pokrywką i gotować 15 minut. Ostudzić w pokojowej temperaturze przez 20 minut. Odcedzić, wlać do słoika, dodać 1 stołową łyżkę soku z cytryny. Wszystko dobrze wymieszać, odstawić w ciemne miejsce.

  Stosowanie: przecierać twarz płynem rano i wieczorem.

USUWANIE WŁOSÓW Z TWARZY

- **Przepis i stosowanie:** smarować owłosione miejsca na twarzy sokiem z zielonego, przekrojonego orzecha włoskiego.
- **Przepis i stosowanie:** skorupki z orzechów włoskich spalić na popiół. Otrzymany popiół wymieszać z wodą, tak aby powstała papka. Otrzymaną papką smarować owłosione miejsca na twarzy.
- **Przepis i stosowanie:** 40 g nasion pokrzywy zalać 100 g oleju roślinnego (najlepiej rzepakowy) w szklanym naczyniu. Odstawić na 14 dni. Następnie odcedzić, wlać do słoika, przykryć pokrywką. Smarować zawiesiną owłosione miejsca na twarzy.

X. PRZEPISY ZDROWEJ KUCHNI

- **Domowy twarożek z małą zawartością kazeiny i kwasów:** Wziąć 1 litr mleka (chudego), 200 g kefiru, 60 g śmietany i 1 niepełną łyżeczkę sodki.

Przygotowanie:
Do wrzącego mleka wlać kefir, śmietanę, gotować jednocześnie mieszając do wytworzenia się twarogu, dodać sodkę. Odsączyć wodę.

☐ **Bezdrożdżowy chleb**
Przygotowanie:
4 szklanki mąki, 0,5 l wody mineralnej, wymieszać i wyrobić ciasto tak, aby się nie przyklejało do rąk. Następnie uformować i wstawić do nagrzanego piekarnika, piec w lekko nagrzanym piecyku. Czy chleb jest dobry, możemy sprawdzić patyczkiem. Przechowywać w lodówce.

☐ **Chleb słodki**
Przygotowanie:
0,5 kg mąki, 50 g oleju, 50 g miodu, ½ szklanki wody. Wszystko razem wymieszać, zrobić placek i piec w niezbyt rozgrzanym piekarniku. Przechowywać w lodówce.

☐ **Zdrowe „cukierki" dla dzieci**
Włożyć do ciepłej wody suszone śliwki, figi, morele na 6–8 godzin. Następnie wyjąć z wody i do środka włożyć orzechy włoskie (można obtoczyć otrębami).

☐ **Zdrowa „czekoladka" dla dzieci**
25 g słonecznika lekko podsmażyć na patelni, 25 g rodzynek, 25 g suszonych śliwek, 2 figi, 25 g orzechów włoskich. Wszystkie produkty zemleć w maszynce do mielenia, do tego dodać 2 łyżki miodu. Włożyć do foremki i wstawić na 12 godzin do zamrażalnika. Pokroić na kostki, przechowywać w zamrażalniku.

☐ **Odżywka dla dzieci i dorosłych**
150 g startych jabłek zmieszać z sokiem z połowy pomarańczy, do tego dodać 10 orzechów włoskich, 2 łyżeczki miodu. Wszystko wymieszać.

☐ **Uniwersalne recepty na przyprawy do zup, sałatek, mięs itp.**

Na jedną szklankę kefiru należy utrzeć na tarce 3 ząbki czosnku i wszystko razem wymieszać. Ta przyprawa jest bardzo smaczna i zdrowa. Większość osób nie spożywa czosnku ze względu na odór. Żeby zlikwidować woń czosnku, należy zjeść posiekaną natkę pietruszki, jabłko, cytrynę, grejpfruita.

PRODUKTY ŻYWNOŚCIOWE NIEZBĘDNE DO PRAWIDŁOWEJ PRACY MÓZGU

morele	jabłka	kapusta	marchew
orzechy	wiśnie	brukselka	seler
grejpfruty	porzeczki	kalafior	ogórki
miód	olej kukurydziany	mięta	czosnek
maliny	oliwa z oliwek	chrzan	wątroba
pietruszka	olej	agrest	pomarańcze
ziemniaki	olej słonecznikowy	winogrona	kiełki pszeniczne
groch	rodzynki	sałata	śliwki suszone
cebula		żółtko surowe	

36 z.

SPIS TREŚCI